大夏书系·全国中小学班主任培训用书

初中班主任的10堂家长课

帮父母解决关键问题

焦晓骏　吴　菁　等编著

华东师范大学出版社
ECNUP
全国百佳图书出版单位

编委会

目录 <<<
contents

家庭教育需要回归常识，父母要全方位关注孩子的发展。比学业更重要的是养成运动的习惯。要重新理解运动，因为神经科学研究表明，运动不仅健身、减压，更可以改造大脑、促进学习能力提升。

每个孩子都是独一无二的。父母要客观认识孩子的兴趣爱好、性格特点、优缺点等，直面现实，调整对孩子的期望值以及作为教育者的心态，这样才能降低我们的焦虑。父母淡定了，孩子才得安生。

第 3 课　学会有效沟通⋯⋯⋯⋯⋯⋯⋯⋯⋯⋯⋯⋯⋯032

　　青春期孩子呈现的行为问题大多是亲子之间沟通不畅所致，沟通的关键是家庭关系和父母教育理念提升，家庭和睦、更多陪伴、鼓励孩子长成自己喜欢的样子是达成有效沟通的便捷之道。

辑二　成全孩子

良好的学习习惯是成就孩子现在与未来的必要保障，这体现在孩子的计划意识、效率意识与善于钻研的习惯养成上。为培养孩子的良好习惯，父母需要做到平等相待、以柔克刚、正面强化。

时间管理是有效工作与学习的基石。父母要用真诚的鼓励取代催促，用制订计划战胜混乱，帮助孩子选择适合的方法，让时间管理的观念内化成一种习惯并伴随他们今后的工作与生活。

第 6 课　培养更有效的学习者·····························082

负面的、情绪化的管教无法培养出一个有效的学习者。家长要学会放手，孩子才能主动出手。当然，放手不是放任不管，而是与孩子站在同一个战壕里。放手的过程要能接受孩子的不完美，还让孩子感受到"动手"后的成就感。

第 7 课　责任担当是立身之本·····························100

培养孩子的责任与担当意识，不仅要让他们着眼于当下做好小事，还要学会着眼于未来有追求，去谋划，付出心血，为自己的美好人生负责。责任担当的认知形成要注重积极归因，责任担当的行为模式要强调知行合一，责任担当的抗挫修炼始于直面现实。

辑三　直面问题

中学生偏爱手机上网，是因为它打破了使用电脑的时间和空间的限制，但由此引发的亲子关系问题常见诸报端。手机毕竟不是手雷，而是我们必须学会好好利用的工具。玩手机与成绩下降没有必然联系，可能是手机掩盖了其他问题。

　　教育部部长陈宝生在 2019 年召开的全国教育工作会议上指出，父母不能做教育的旁观者，要陪孩子一起成长。众所周知，家庭既是人生活与成长的摇篮，也是青少年人格发展的重要基地，承担着重要的教育的功能。伴随我国市场经济的发展，竞争、评级等形式渗透到社会的各个层面，中国家庭教育面临着教育理念滞后、教育方法失当、亲子冲突高发等问题。有调查显示，八成左右的中学生存在心理压力，且主要体现在升学考试、课业负担与父母期望值三个方面。由此引发的过多的校外学习、家教补习等行为，往往直接造成孩子睡眠不足、体质下降，甚至导致严重的心理问题。

　　著名教育学者孙云晓认为，家长是孩子的第一任教师，家庭的"微环境"在早期教育中的作用比学校更重要。从这个角度看来，没有任何一个时代的父母，像今天这样需要学习。不过，在普遍重视教育的今天，最难的并不是让家长们意识到家庭教育的重要性，而是如何让家长们做好家庭教育工作！也许我们都注意到这样一个可喜的现象：学校、行政部门或公益组织举办的家教指导讲座受欢迎度越来越高，家长们经常听得津津有味，记录得也很有条理，总觉得说的很对，但是，他们将专家的理念应用于实践的水平却不高，面对自己孩子的问题仍然很困惑，所以他们现场提问的时候往往都是这个句式——"我孩子……我该怎么办"。

初中阶段（12～15岁）是青少年成长发育的关键期，也是学业发展的重要"拐点"，更是学生问题频发的高峰期。很多父母从最初的自信满满，到深深的困惑和烦恼，甚至在孩子青春期时陷入无计可施的困境。从班主任的反馈情况看，不少家长在孩子进入青春期后，对孩子的教育常常有无力感，束手无策时往往求助班主任："老师，孩子现在不听我们的了，稍微多说几句就甩脸色给我们看，我们也不知道怎么办了！"那么，如何让家庭教育水平得到高效快捷的提升呢？我想无非就是强化指导的针对性与可操作性，让家长带着问题来学习，并在专业人员指导下进行实践、反思。因而，培养一支有教育热情、有专业水平的一线德育团队来直接面对问题、面向家长有着十分现实的意义。他们要善于总结孩子们在成长过程中出现的典型问题，要耐心梳理家长们在家庭教育中遭遇的棘手问题，再通过与家长密切交流、切磋，帮助他们与孩子一同成长。因而，学校的家长课，包括校长、德育干部、班主任及校内外学者主导的演讲、教学、沙龙、团体辅导等，应更具有系统性、精准性与实用性。

《初中班主任的10堂家长课：帮父母解决关键问题》一书正是以问题为导向、融合现代教育理念与传统审美价值，用可操作性的指导来提升家庭教育水平的一种有力尝试。本书的作者团队中，吴菁老师是苏州市班主任名师工作室领衔人，其他8名编委都是奋战在一线的优秀德育管理骨干，多人获得江苏省中小学班主任基本功竞赛一等奖、市级及以上优秀班主任称号或心理优质课比赛一等奖。我们经过精心策划与准备，将家庭教育指导经验融入实际课例中，以"迷恋网络""异性交往""叛逆期的亲子沟通""运动与脑科学""培养好习惯""培养责任担当""高效利用时间""激发学习内动力"为主题，并以课堂实录的形式再现了与家长互动的精彩过程。本书旨在帮助初中德育干部、班主任、教师拓展专业视野，也可为初中生父母及家庭教育研究人员提供实践样本与参考资料。

孩子的健康成长关系着千家万户的幸福，更关系着中华民族的未来和希望。让我们共同期待家庭、学校、社会形成合力，共助孩子们拥有美好的未来！

焦晓骏

2020 年 3 月于苏州

辑　一

提升父母

第 *1* 课　重新理解运动

授课人：焦晓骏

对象：初一年级家长

背景分析

2019年6月，江苏省教育厅召开新闻发布会并公布了2018年全省学生体质健康监测结果。这是江苏省第9年进行大规模学生体质健康监测工作，范围覆盖13个区、市，有效样本总量39355人，其中男生19677人，女生19678人。监测项目涵盖身体形态、生理机能、身体素质、健康状况4个方面的25项指标。结果表明，与"十二五"末相比，中小学生身高继续增加，肺活量有所改善，但初中生近视率接近80%，高中生近视率接近90%。此外，在速度、耐力、下肢爆发力等指标上存在下滑，肥胖率和超重率均有所增加。究其原因，专家们指出"缺乏运动"是关键因素。

中小学生缺乏运动基于多种因素，如体育课程设置单调乏味、学校与社区运动场地不足、体育教育师资力量较弱等，然而最重要的因素莫过于对体育运动普遍不重视。大多数孩子是天生喜爱运动的，但学校、家长受应试教育影响较深，考试成绩仍然是评价学生与教师的主要指标，体育运动得不到应有的重视。

日前，教育部发布《关于全面加强和改进新时代学校体育美育工作的意见》（以下简称《意见》），具体将从"一增一减一保障"三个方面展开，其中"增"是增加体育与健康课和课外锻炼时间，"减"是减轻课业负担和校外辅导。在中小学健康促进行动中特别明确，学生每天要有两个小时的体育锻炼活动，其中在校与回家后各一小时。《意见》强调，要从师资力量、场地、设施以及制度方面入手，保障计划能够实施到位。

《意见》对学校工作提出了更高的要求：要为学生的健康成长护航，学校既是促进体育工作的执行者，又要成为家庭与社区相关工作的监督者。在应试教育的思想根深蒂固的背景下，如何引领父母主动更新成长理念、科学指导孩子运动是一个必须认真面对的课题。

授课目标

（1）领会、认同户外运动对学生成长与发展的重要意义。

（2）科学规划学生的运动形式与时间。

课例实录

1. 先来一点减压知识

师：今天这节课上，首先与大家讨论一个与每位朋友都相关的话题。在日常工作与生活中，我们不可能不遭遇压力。压力可能成为动力，让我们的生命绽放出更美更强的活力。但压力如果长期持续甚至增加，会使我们的神经分泌系统出现问题，激素分泌异常，进而导致心血管系统、消化系统、免疫系统等疾病风险增加。所以，当感到压力来临的时候，我们要学会自我放松。那么问题来了，每当感觉"压力山大"时，你往往会怎么做来为自己减压？

家长1：我可能会找朋友去倾诉，好朋友之间聊聊天应该是个好办法。

家长2：喝上几杯酒，然后睡一觉就好些了。

家长3：听听音乐，或者逛街。走累了，也就放松了。

师：常常听说，有了压力，男人可以喝点酒再睡上一觉，女人可以去逛逛街，去购物与品尝美味。这些办法背后有一定的科学道理。睡觉属于休息解压法，一个人喝得酩酊大醉，可以什么都不想，先睡一觉再说，第二天醒来心情放松了许多。美食减压法则是通过美食刺激味蕾、满足胃口，也是一种很好的舒缓压力的方法。不过，喝酒伤身体，逛街费钱财，这些都算不上最好的减压之道。我倒是赞成第一位家长的建议，找几个"懂你的人"说话，是一种不错的减压方式。和好友聊天既可以得到宽慰，也可以让情绪得到宣泄。只是现在要找到对的人，同时恰好他有时间陪你，并不是那么容易。那么，有没有资金与人力成本不高的减压方法呢？

下面我介绍两种随时可以做而且很容易做的放松办法：兴趣减压与运动减压。

兴趣减压就是腾出时间做点自己特别喜欢做的事，如书画练习、棋牌游戏、影视欣赏、文学阅读、美食烹饪等，这些活动需要我们集中精力去做，心静下来，手动起来，那些不愉快的东西自然就会抛诸脑后。

运动减压是门槛最低却最有效的方法。我这里说的运动，并不是指乒乓球、轮滑等需要一定专业训练基础的项目，而是对场地、器材、伙伴几乎没有要求的项目，如跑步、登山、跳绳、单车等。其中，最具代表性的就是跑步。那么，跑步为什么可以减轻压力呢？请看短视频——

（视频解说词）跑步是一种中等强度的有氧运动。慢跑运动之所以能缓解压力，让人保持平和的心态，是与内腓肽效应有关。内腓肽是身体的一种激素，被称为"快乐因子"。长距离的慢跑运动可以促进内腓肽分泌，能愉悦神经，消除疲劳，对抗疼痛，振奋精神，缓解抑郁，还能产生爱心和光明感，使人更加乐观积极。除了产生振奋精神的"内啡肽"，跑步等有氧运动还可以产生带来快感的"多巴胺"、带来激情的"去甲肾上腺素"，还有协助我们战胜困难的"催产素"。

朝九晚五的工作常常单调而枯燥，长时间单调的环境刺激易引起生理、心理疲劳，而跑步能使刺激强度得到变换，起到改善、调节脑功能的重要作用。要充分发挥大脑潜能，必须合理地安排活动，不使某一半球或某一功能区由于反复单调刺激而疲劳，要动静协调、张弛有度，才能有助于提高大脑皮层的分析综合能力。

这个短视频告诉我们，跑步运动能促进大脑分泌内啡肽，有助于释放能量，缓解压力。视频中还提到了对运动量与跑步距离的要求，一般来说每周 3 至 4 次、每次 30 分钟至 40 分钟的慢跑才可以视为有效运动。

接下来我想做一个调查。各位家长朋友中有坚持跑步等有氧运动的请举个手。（清点举手人数）今天在场的 41 名家长中，有 8 位平时能坚持运动！那么在各位家长朋友的孩子中，有坚持运动的请举个手。（清点举手人数）只有 2 位，确实太少。

大家可能已经注意到，教育行政部门近年来不断加大对学生体质监测的力度，并对学生生理与心理健康提出了更高的要求，苏州市从 2019 年起将长跑列入中考必考项目，这与中国学生整体不佳的健康数据有关。一方面较长的学习时间、较短的运动时间导致孩子们在视力、体重、肺活量、基本运动技能方面的指标不如人意，另一方面升学竞争带来较大的综合压力，再加之孩子们处于生长发育的关键时期……大家是不是觉得，相对于父母而言，他们更需要有运动的习惯来保持健康、减缓压力？

家长朋友可能会说，孩子们学业那么紧张，哪里还有时间跑步？我想用一个成语来回答——"磨刀不误砍柴工"。做不到劳逸结合、做不到身心的协同发展，学业成效也会大打折扣。相反，良好的身体与心理状态可以提高学习效率，减少学习时间，改善学习效果，这就是所谓的良性循环。希望各位家长能关注孩子全方位的发展，学业固然要重视，运动的习惯更要重视。

讲到这儿，是不是感觉我要说的已经结束了，别急，其实我想说的才刚刚开始。（众人笑）

2. 家庭教育的关键是尊重常识

师：前几天，大女儿从外地回苏州，无意地谈起一个有关她自己的笑话。

有同事问她，作为东南大学、墨尔本皇家理工大学的"双料"优秀毕业生，她是否一直是"学霸"一样的存在？她回答说不是，而且在初三之前基本上算班上的"差生"。同事又问，那你父母用什么好的教育手段让你"起死回生"的呢？她想了想回答说，好像也没有采取什么特别的办法，能记得的就是逼自己每天 10 点前上床睡觉。自然，很多人不太相信。如果保持良好的睡眠就可以成为"学霸"，中国怎么会有那么多焦虑的父母呢？

女儿反复问我："我没有上过辅导班，更没有请过家教，你就是逼我早些睡觉，作业写不完也不管。难道不是这样的吗？"

我认真地点点头："确实是这样的。不过，不像你说的那么简单。我们当时设计了一整套的'组合拳'，措施也是有系列的。按时睡觉只是其中一个显性的、刚性的也是十分重要的指标，所以很容易被你记住。"

于是我们共同回忆了 17 年前的那一段往事，也是她学业生涯的重要拐点。女儿小学毕业后升到一所公立学校读初中，在班上 38 个孩子中成绩稳定于后三名。除语文成绩中等外，数学、英语从四年级转学到苏州后一直是她的薄弱学科。女儿也已经认定自己不是学习的料，她曾经对我说"小学数学的基础就不好，中学已经跟不上了"。由于主观上近乎放弃，客观的表现也就好不到哪里去。课堂上乱插嘴发言、以搞笑为乐，放学回家后坐在房间里对着作业本，注意力分散，作业做得极慢，正确率极低，而且常常拖到深夜。

女儿在学业与生活习惯方面的"双差"让我意识到，再等待下去只有恶性循环，决不可能有奇迹发生。于是，在进行了必要的信息查询、建议征求、现状分析后，在初中第一个学期结束后的那个寒假，我与女儿进行了一次平心静气的交流，并对寒假及其后的学习与生活提出了具体的要求。现在总结起来，可以概括成 16 个字：适度规划、顺其自然；提振信心、尊重常识。

适度规划、顺其自然，就是要从内心形成对初中毕业时个人去向的概念。我们认为，现状决定了她考入普通高中的可能性不大，那么退一步将中专校（如幼儿师范）作为方向是可行的。不过，所有目标的达成都需要学业"门槛"。为三年后的目标，孩子需要做好必要的准备。

提振信心、尊重常识，就是在确定了中考最低目标的前提下，积极、务实地调整学习与生活习惯。我们共同制定了几个比较具体的行动要求：写好字（包括中文与英文）、上好课（遵守课堂纪律）、睡好觉（每天9小时左右）。其中，固化睡眠时间不只是为了以良好的状态来改善学习注意力，还有利于倒逼提高作业效率。

我的经验可以总结为三点：第一，没有目标的日子肯定过得浑浑噩噩，恰当的目标可以激发前进的动力；第二，通过调整生活习惯来带动学习习惯的改变，因为良好的学习状态取决于良好的休息与睡眠；第三，在困难的时候不可一味责怪孩子，而是要冷静下来共同做好规划。我觉得，以上这些应该是家庭教育的常识。抛弃不切实际的幻想、顺应常识可以引导孩子幸福成长，而盲目攀比、拔高期望值、以牺牲健康换取学业进步则是背离常识，最终得到的往往不是奇迹而是苦果。

家长4（举手提问）：想了解您大女儿后来学业成绩变化的细节。

师：这个话题不是今天的重点，但可以告诉大家，其一是我们降低了期望值，孩子反而有了向前的动力，可以说激发了她的学习动机；其二是我们保障了休息时间、规范了上课纪律，孩子的注意力得到了改善，可以说提高了她的学习效率；其三是我们在初二、初三时尝试了重点突破、培养了一两门优势学科，可以说改变了她的自我效能感，也就是让孩子更有信心了。在几年中，女儿的成绩保持缓慢但持续的进步，最终以优异的成绩考取高中、大学。我们采取的方法与不少家长迥然不同，包括不上辅导班、不加班加点。

家长5（插话）：老师，您觉得这个方法可以复制吗？（众人笑）

师：谢谢，您这个问题很深刻，也比较有意思。

这个问题实际上分为两个部分，一是教育方法是否具有普适性，二是培养结果是否具有相似性。我这个"组合拳"类似于中医调养，相信适合于大部分孩子。有些孩子根本没有上述问题，做法自然就失去了针对性。比如，有些成绩不好的孩子并不缺少睡眠，甚至他最大的爱好就是睡觉（众人哄堂大笑）；或者有些孩子性格文静、字也写得漂亮，总结起来就是除了成绩，什么都好。不过，大部分的学业困难生暴露的问题是相似的，根据个性特点对教育方法进行微调即可。

至于结果，我一直坚持这样一个观点：教育是农业，家庭与学校需要做的是提供足够的阳光、水分与恰当的肥料，让孩子长成他自己的样子。无论长成南瓜还是土豆，长成水仙还是水草，只要正常生长即可。确实有朋友指责我是拿女儿的前途在冒险，不过我认为家庭教育成功的标准并非一定要考上好大学，而是孩子是否达成或超越了最初的梦想，包括学业、工作与生活状态。我承认孩子后期的发展超越了我们最初的规划，给了我们惊喜。这个惊喜就是我们立足常识去规划学业的结果。所以，假如命运再让我重新来过，我仍然重复自己的选择。

我还有一个女儿，对她的教育基本上还是沿用这套逻辑。有了经验，就没有走弯路，孩子发展得也很好，下次有机会我们专门聊。现在我们继续讲运动——

3. 运动，改造大脑的良方

师：除了尊重成长常识、激发学习热情外，我与大女儿还制定了一个跑步计划：利用周末、假期的零碎时间坚持慢跑。一开始她表现出强烈的抵抗，但到初中的第一个暑假结束后，她已经迷上了跑步。此后，她上高中、上大学、参加工作，跑步成为她放松心情、锻炼身体的最主要方式。当时我强行要求她制订跑步计划的理由大家可能想不到，那就是——你不是觉得自己不够聪明吗？那么跑步吧！

现在我已经无法回忆出当时究竟在哪里找到的经典结论，诸如练字改善心理状态、跑步改善认知水平等。唯一记得的就是为女儿的学业与行为转化我动了不少脑筋。这让我后来接触到埃里克·詹森的《聪明的秘密》时，感觉如获至宝。不过那已经是 2009 年的事了。这本书通过大量神经系统研究揭示了传统大脑理论的局限性，以有力的实证告诉我们大脑怎样才能够变得更聪明，学习、记忆和所有其他功能都能更出色。书中提到益智教育的"7个黄金法则"，"积极的身体运动"便是其中之一。

不过，这个论断可以追溯到数千年前。大家应该听说过奥林匹亚阿尔菲斯河岸的岩壁上刻着的古希腊人的格言：如果你想聪明，跑步吧！如果你想强壮，跑步吧！如果你想健康，跑步吧！对于古人的智慧与箴言，我们有时半信半疑：跑步与聪明，两者怎么也搭不上啊？！何况我们小时候就听说过人的智商是个固定值！然而，兴起于20世纪末的大脑神经科学借助现代实验仪器，向世人证明了大脑神经元可以再生，智商会变化，运动能改善智商。

下面我们借助一段视频，来了解一本著作《运动改造大脑》的精华内容。请每位家长注意看，视频结束后我们一起交流你印象最深的一句话或者一个观点。

（视频解说词）为什么明知道运动有用，还是迈不开腿？因为您知道的用处还太小。今天向您介绍的新书《运动改造大脑》会让您对于运动有全新的认识。

作者约翰·瑞迪是哈佛大学医学院临床副教授、国际公认的神经精神医学领域专家。他用严谨的神经科学发现，论证了运动可以魔力般改造大脑：压力、焦虑、抑郁、低效等种种困扰，可以随着运动云散烟消。运动最大的魅力，就在于它能让大脑处于最佳状态。本书中介绍的无论是实验、案例、原理，还是行动的具体方法，都令人信服，更令人鼓舞！

本书要从一所高中讲起。年轻的体育老师邓肯正在布置着早晨的任务，他要求每个学生用最快的速度跑完1600米，平均心跳要保持在185次以上。学生们都很努力，落在最后的女生米歇尔拖沓着脚步路过邓肯身旁。当米歇尔跑完后，邓肯仍然给了她一个A。因为她全程平均心跳是191次，即使对训练有素的运动员来说，这都是了不起的。

这是芝加哥内珀维尔高中的一堂"零点体育课"。在这里，每天的学习生活是从体育课开始的。在课上，评价学生的依据是努力程度，而不是技能，因为尽全力跑比跑得快更重要。这群体育老师不但让内珀维尔学区的学生成为全美国最健康的孩子，还让他们成了最聪明的孩子。仅仅是上半学期结束时，学生们的阅读理解能力就提高了17%，平均成绩也超过全州平均水准。

TIMSS 是聚集全世界优秀学生的一项侧重数学和科学的考试，中国港台地区、日本、新加坡等一向包揽前几名。美国学生的表现则让精英层忧心忡忡，感慨美国和亚洲国家的教育差距正在扩大。但在新型体育课推广后，内珀维尔的学生在这项测试中取得了科学世界第一、数学世界第六的成绩。

除了变得更聪明、成绩更好之外，学生们还在体育课上收获了每个家长都希望孩子具备的团队协作能力、解决问题的能力、抗风险的能力。当内珀维尔高中的经验推广到条件更差的学区后，人们又发现了课程的新功能：校园暴力等违规事件从每年的228起减少到95起。

在内珀维尔高中的案例背后，隐含着生物神经科学的原理。研究表明，运动给身体提供了某种独一无二的刺激，而这种刺激为大脑创建了一种环境，这种环境使大脑能够做好准备、愿意并且有能力去学习。运动让大脑处于最佳状态。

运动可以平衡大脑。大脑中约80%的信号是由谷氨酸盐和 γ-氨基丁酸两种神经递质传送出去的。前者刺激神经冲动，后者抑制冲动。它们和血清素、去甲肾上腺素、多巴胺等神经递质一起调节大脑的活动。失衡的大脑会引发抑郁症、焦虑症和强迫症。现有的大多数改善精神状态的药物，都是以调节这些神经递质为目标的。研究表明，长跑1600米就能产生和服用药物一样的效果。

运动可以滋养大脑。神经递质调节大脑平衡，神经营养因子则负责建立、保养神经细胞回路。卡尔·科特曼在一个为期4年的研究中发现，运动可以促进产生脑源性神经营养因子（BDNF），这是大脑可塑性的重要推手。

运动还可以促进神经新生。很长时间以来，人们都认为神经元的数量是恒定的，只能被消耗，不能新生。当脑科学引入先进的成像仪器后，发现神经元像其他身体细胞一样，可以持续分裂生长。运动会诱发这种"神经新生"。

每天全家总动员，一起和孩子改造大脑，创造更有活力的生活吧！

师： 短短4分钟的视频，信息量十分巨大。下面欢迎家长朋友简要谈谈感受！

家长6： 第一次了解到运动对学习方面也有影响，不仅可以增强体质，还可以改变大脑。

家长7： 我儿子成绩不佳，所以总是管着不让他去打球，因为担心学习时间不够。现在明白了，运动与学习可以两不误。

家长8： 我觉得"零点体育课"很有意思，能否在我们学校也试试？（众人笑）

家长9： 脑科学是新兴科学，在多方面颠覆了人们的认知。我们要更多地学习，也希望学校多组织一些培训！

师： 好的，由于时间关系，大家的感言先说到这里。今天我们一起了解了跑步等有氧运动对孩子生理、心理及学业发展的重要性，在最后一个环节我们将共同探讨学校与家庭可以做什么，以及怎么做。

4. 家庭与学校可以有所作为

师： 前面我们学习了与运动有关的脑科学知识，那么大家认为运动对学业的帮助真有那么神奇吗？有没有什么不利的影响？运动应当照顾孩子的不同兴趣，那么如何选择？大家认为家庭与学校可以做点什么呢？欢迎大家提出意见与建议。

为了让每个朋友都有机会参与交流，我们将自由组合为4个小组，每个组侧重讨论一个话题。现在，您可以选择自己感兴趣的话题加入讨论，结束后确定一个发言人代表小组表达心声。这个心声呢，既可以是一些举措与规划，也可以提出问题或诉求。大家现在可以根据屏幕上的主题自由分组，讨论时间 8 分钟。

第一组——运动效能的可信度与运动伤害

第二组——运动种类的选择与时间保障

第三组——学校应如何构建有效的运动课程

第四组——家长应如何帮助孩子养成运动习惯

（家长按 4 个主题分组，展开讨论。教师巡视各组情况，并帮助确定小组发言人）

师： 大家交流得十分热烈，可惜我们时间有限制。下面我们请第一组的发言人交流。

第一组发言人： 感谢老师给我们一个表达心声的机会。我们从小就听说过德智体要全面发展，主要的理解就是品德要好、成绩要好、身体要好，也就是要做三好生。今天课上信息量超大，听下来感觉运动比学习本身还重要，所以我们有几位家长担心是不是夸大了它的作用，担心一些做法能否在中国当下比较重视应试的大背景、大环境下使用。不过在讨论的时候，也有家长提到西方的科技研究水平是全球领先的，高等教育方面也走在我们前面，否则也不会有那么多的孩子跑到海外去读书。那么西方基础教育的理念是不是也领先呢？这方面还是想请老师再说说。另外，运动带来的问题也有不少，家长做指导不专业，请教练也不太可能，您提到的运动伤害如何避免呢？

师： 好的，非常感谢这一组家长真诚、坦率的声音，下面我来做个简要的回应。跑步等有氧运动改善学习效果是基于脑神经科学研究的成果。在一些西方国家的学校里这方面研究已经有实践证明，前面提到的内珀维尔高中的做法就是自发的教育实践与前沿科学研究相印证的案例。那么这个模式能否复制到中国来？我个人的态度是积极的慎重。我不想去评价应试教育与素质教育的话题，但中国学生的实际状态就是作业负担重，而且机械训练与记忆性内容多，这直接导致了孩子们睡眠少、运动少、课外活动少，这对他们的体质发展与视力等都带来了相当坏的影响。增加运动量势在必行，这一点我前面也说到了。

那么增加运动量必然会减少学习时间，对这个问题不少家长自然有顾虑。我今天有意传递的信息正是：有氧运动反而会提高学习效率。大家可以放心地让孩子一试。但是我不可能保证，您的孩子增加了运动量，成绩就会提高到某个地步，或者会超越不运动的孩子。我能保证的是，他更加健康的身体条件必定有益于其美好的未来生活。反过来，我们保持现状又能如何呢？您能保证加班加点的学习、辅导会使孩子的学业成绩突飞猛进？这就是为什么我要讲讲我大女儿的故事——回归常识，尊重常识，成长比成绩重要。

那么，如何理解"高等教育西方人领先，基础教育他们则不行"的说法？我首先要说明，人生是一场马拉松，赢在前几公里不能算赢。基础教育，简单地说就是为生命奠基的教育，不需要比高度、比速度。慢下来，应该不是坏事；揠苗助长，肯定是坏事！正如《紫微杂说》中的断言："揠苗助长，苦心极力，卒无所得也。"

最后，运动可能带来伤害吗？这是可能的。不过，带来伤害一般是两种情况：姿势不正确，或是过量的运动。希望大家树立一个观念，孩子的运动不是为了提高技能与水平，而是健身与健脑。我在这节课上提倡的是跑步，这种基础性运动几乎不需要技巧，也不需要专业教练的指导。人人生来会跑，而且孩子们更长于奔跑。

下面有请第二组。

第二组发言人：我们组刚刚讨论的是什么样的运动适合孩子们。我们觉得一种就是刚才老师的观点，像跑步这类让孩子磨磨性子的基础性运动，它看似单调，但内涵丰富。我最近看到一篇文章说，跑步和不跑步的人日常看来没有任何区别，但是几年后就是身体和精神状态的巨大分野。等过了 10 年再看，也许就是一种人生与另一种人生不可企及的鸿沟。在国外，从商界领袖到文坛巨匠都崇尚跑步。在强大起来的中国，跑步也日益成为时尚。我想，速度或距离只是表面的指标，更重要的是锻炼意志力、自制力、承受力、自信心以及坚忍不拔的人生态度。（家长掌声）

还有一种运动是可以由学生自己选择的，足球、排球等运动有危险，乒乓球、健美操需要技巧，我们认为只要孩子喜欢，学校与家长都要给予必要的支持与鼓励。将来这类运动可能不是他们的专业，甚至不再是他们的爱好，但对身体耐力、平衡水平、爆发力的训练一定是他们一生的财富。谢谢大家。

师：第二组陈述了他们的思考，发言人也有专业水平，我就不多做点评了。关于时间安排我补充一下，那就是建议工作日由学校多安排，周末与假期时父母要保障。接下来请第三组。

第三组发言人：我们不是老师，只是从家长的角度来提点建议。既然有氧运动那么神奇，对孩子的成长那么重要，学校为什么不尝试丰富体育运动类的课程呢？听说英国的贵族学校伊顿公学就是上午文化课，下午全是体育类活动。您刚才介绍的美国的内珀维尔高中则是早晨先运动再上文化课。为什么我们的学校不可以做起来？如果学校行动起来，孩子的中考考试成绩也很出色，那一定会成为苏州地区的样板学校了，对吗？（众人笑）

师：谢谢你对学校的美好期待。首先谈谈伊顿公学，2005年我在英国修学时曾专门去参观过，2007年还在苏州接待过来访的伊顿公学校长。这所学校不同于一般的高中，是一所军事化管理的学校，制度非常严格，礼仪教育极有特色，被称为英国精英的摇篮。的确，这所学校下午的时间主要集中于社团活动，而且以体育运动类活动为主。课程设计的目标一方面要使每个学生掌握一两门体育专长，另一方面也通过活动使学生内化团队协作、遵守规则、竞赛礼仪等。总而言之，极优秀的学生群体加上极严格的课程管理，是普通高中学校无法模仿的，何况我们是一所初中学校！

内珀维尔高中则是另一个极端，生源比较弱，学校的名声曾经也比较糟糕。我个人猜测，早晨先来个1小时运动课的最初动机，大致为了消耗一下学生的旺盛的精力，免得他们破坏教学秩序与学校纪律。（众人笑）"零点体育课"并不以掌握某些运动技能为目标，而是以多出汗、提高心率的单车与跑步为主。然后，老师们很惊奇地发现了产生的"副作用"：孩子们不只是违规事件减少了，体质变好了，他们的成绩居然也上来了！就这样，神经科学专家也被吸引过来了。是不是有点像不打农药不施无机肥的瓜果？虽然产量不增，利润反而高了。

大家无疑可以从这两所高中（特别是内珀维尔）的课程中得到不少启示，但作为义务教育阶段的学校，加上中国教育体制的特点，学校在课程方面不可能有革命性的变化。当然，我们有地方课程、校本课程，还有丰富的课间活动的空间，所以完全可以做出必要的尝试。前提必须是得到在座家长与你们的孩子的认同。如果得不到认同，那效果也不会好，后果会更糟。我们期待的是家校同心，其利断金！

事实上，我们学校从去年的初一年级开始就在进行体育活动模式的改革。每天的大课间活动主要是啦啦操与慢跑。学生集中后先跳操作为预热，然后绕操场跑 4 ～ 5 圈（每圈 400 米），最后进行拉伸放松。大课间持续 30 分钟，上午与下午各一次。此外，学校组织了"青马计划"，就是每月组织初中学生进行一次绕青剑湖跑，大约 4200 米。每学年跑 10 次，正好是一个马拉松的距离。六月底的闭幕式跑步得分，要计入学生中考体育的平时成绩。本届的初一年级活动也在规划之中，但需要得到大家的支持。另外，孩子的体质不适合长跑的，务必书面告知学校。

好的，最后有请第四组。

第四组发言人：谢谢老师。我组成员一致认同运动对于身心健康与学业进步的意义，也赞同学校已经试行的相关规划。跑步不只是对孩子，对我们成年人也是一种简便却十分有意义的运动。我本人已经坚持跑步好几年了，当时促使自己跑步的原因，是个人在体重、腰椎等方面的困扰。如今我收获的不只是良好的身材、健康的体质，长跑后的那种愉悦是别人无法理解的。我们组的几个家长都有意向动员孩子开始进行跑步等运动。

我们组的家长主要关心两个问题，一是孩子不乐意跑步怎么办？二是孩子的作业太多没有时间跑步怎么办？麻烦谈谈学校在这方面的考虑。

师：谢谢大家的积极支持。家长有信心，孩子才有希望。平时，做父母的会对孩子在多方面提出要求，但这些要求可能会比较零碎、缺乏条理性与系统性。据调查，影响初中生与父母亲子关系的重要原因之一就是"父母唠叨"。父母不放心孩子，孩子接受不了父母，这无疑是个死结。那么怎么避免唠叨呢？简言之就是先达成一致，然后评估成果。我建议大家从你们熟悉的德、智、体三方面对孩子形成基本要求，有了统一认识后就正常执行。习惯的养成是需要压力和动力的，你们的建议与监督就是压力，你们的表扬与鼓励就是动力！

插一个让我家小女儿跑起来的故事。她是一个不爱动的孩子，日常表现与学业成绩都还不错。我直接告诉她，跑步是件很好的事，但你也许不喜欢，所以我们承诺，你每跑 1 公里就有 10 元钱的奖励。由于女儿平时零花钱也不多，所以她就很乐意地跑步了。这个故事是想表明，每个孩子的个性都不同，但都可以找到让他们乐于跑起来的办法。

至于作业时间的安排，任课老师会有具体的举措来帮助学生分层选择作业，减少书面作业的时间，让他们有更多的时间亲近大自然。不仅如此，我们还要强调一点：周末、假日的首要作业就是跑步，陪伴、督促孩子动起来是学校对家长们的要求。

初中是学生成长的关键期，父母们要少一点焦虑、少一点唠叨，要多一点规划、多一点陪伴。陪伴，不是物理意义上的接近，而是心理上的趋同。所以，如果说教育就是陪伴，那陪跑就是一种很好的亲子方式。陪跑也不一定总是与孩子一起跑，而是要让孩子感受到，他奔跑的背后永远有你欣赏的目光！

今天的课就是帮大家重新理解运动。运动的意义远远超越了我们的传统认知，它可以改造大脑、促进学习。关心孩子的发展，让我们从关注运动开始！

第❷课　淡定做父母

授课人：李扶庭
对象：初二年级家长

背景分析

　　如今的中国教育与焦虑二字似乎有着千丝万缕的联系。"教育焦虑"是一个新词汇，是产生于教育活动中的一种特殊焦虑形式，是从事教育活动的人在整个过程中感受到的消极情绪体验。

　　家长是教育活动中的一个特殊群体。他们帮助孩子完成非正式的启蒙教育并参与孩子的全部教育历程，对孩子世界观、人生观、价值观的形成有着重要的影响。在教育过程中适度的焦虑会促使孩子提高学习效率，过度的焦虑则会阻碍孩子的学习效能。有研究表明，目前很多家长的焦虑情绪已远远超出正常值，正在演变成一种"教育焦虑过度化"。其主要表现为：对"教育落后"的恐慌、对"教育负担"的压力、对"教育无能"的担忧。2018年《中国家长教育焦虑指数调查报告》发布，透露出中国家长对孩子教育的焦虑问题，究其原因，学区房、学习成绩、手机上瘾、二胎成为教育焦虑爆发的几条导火索。

　　本节家长课将基于焦虑调研报告的数据，引导家长朋友认识并正确定性教育焦虑，分析孩子和父母焦虑的原因、表现，提供行之有效的方法，以缓解家长的焦虑，并指导家长树立适切的育儿观、成才观、成人观，从而更好地帮助孩子调适自我、认识自我、适应社会。

（1）通过热身活动让父母正确认识不同焦虑的表现。

（2）分析造成父母焦虑的原因及对孩子成长的影响。

（3）推荐切实有效的策略以缓解父母焦虑。

课例实录

1. 当教育焦虑成为"新常态"

师：非常欢迎大家的到来。感谢大家积极踊跃地报名，想必各位都是带着自己的困惑和烦恼而来，希望大家能主动分享，积极讨论。今天课堂上会展示一些真实的案例，希望大家能以平常心态交流，千万别对号入座。

八年级的孩子，正处于青春好时光。不过，如果早来的青春期撞上疑似的更年期就不太妙了！您是否曾有过这样的焦虑：工作一天已经很辛苦，下班回家还有个"小恶魔"跟您互怼，与孩子斗智斗勇绝对不省心。今天的课未必能帮大家找到解决问题的根本办法，但期待大家能有所收获，领悟最适合自己的方法来帮助孩子成长。

在各行各业普遍工作节奏加快的大背景下，大家对焦虑的情绪肯定比较熟悉了。适度焦虑可以促使我们更有效率，但焦虑水平不断升高不仅会影响身体健康，还会影响我们正常的行为模式。孩子是家庭的未来，教育孩子构成了我们生活的重要内涵，也是引发我们焦虑的重要原因。那么请问大家，当你想到自己的亲子关系与家庭教育，下面哪一张表情最能代表您的心情？

表情一	表情二	表情三	表情四	表情五

说明一下，表情一代表完美，表情二代表愉悦，表情三代表喜悦参半，表情四代表有些郁闷，表情五代表基本崩溃。下面请选择表情一的家长举手。（无人举手）看来大家对于家庭教育或多或少都有些烦恼哦。那么表情二呢？（依然无人举手）各位对于这个问题的反应比较谨慎。大家说说选择其他表情的理由吧！

家长 1：老师，我们家孩子干什么都提不起精神，我和他爸爸只能催，但是越催，他越慢。

家长 2：我对孩子真的是无语。他看起来挺自信，但行为与结果总与他的态度不匹配。说他几句吧，他还不承认。真羡慕班里的优秀孩子，让人省心。

师：您如何界定优秀和不优秀？

家长 2：我觉得一个孩子不盲目乐观，学习有计划并且专注，这就是优秀。

家长 3：我希望孩子成绩能更好一点，同时能更稳定一些。

家长 4：我们家闺女做作业很慢，碰到难题就要找手机查。她自己也知道查手机是不对，但更担心不能很好地完成作业。作业慢一直是困扰全家的问题。做父母的看着心疼，也心急。现在学业难，我们也只能督促，辅导不了。

家长 5：我选表情五。我家孩子学习成绩较差，可以说心思不在学习上。看着他成绩每况愈下，只能请人给他辅导。现在是钱花了不少，却看不到效果。他曾经因为被禁用手机有自残行为，所以我们也不敢管太严。不过书还是得读，中考还是得参加，高中总得念。

师：好的，感谢大家的分享。家家有本难念的经。我来总结一下：青春期的孩子自我意识提升，家长们在学业方面的期待给他们带来更多的压力，也导致了他们的逆反。另外，手机和网络对于很多孩子来说是一种特别的诱惑，他们容易沉迷其中。孩子们与此相关的种种问题让家长倍感烦恼，或者说是焦虑。

给大家看一组 2018 年《中国家长教育焦虑指数调查报告》的数据和情况分析。

《中国家长教育焦虑指数调查报告》（以下简称报告）基础数据来自今年 8 月 1 日至 15 日开展的网络问卷，它围绕社会环境、教育资源、家庭关系及父母成长等四个影响中国家长教育焦虑的维度展开，结论显示：2018 年中国家长教育焦虑指数为 67 点，整体处于比较焦虑状态。《报告》显示，近半家长可接受的教育花销为家庭收入的 40%，在一些发达国家，教育支出只占家庭收入的 10% 左右。中国家庭的教育花费大部分都源自上各种辅导班、兴趣班。尽管教育主管部门三令五申发文禁止"超纲教学"，但"抢跑"现象仍然存在。对于家长来说，超纲教育有着很强的应试导向，家长着眼于应试、升学、考证、考级而求助于超纲教育。一句"不让孩子输在起跑线上"让家长们对于超纲教育的认同程度很高，超过 44% 的家长认为十分必要，他们觉得将孩子送进课外班是有助于孩子成长的。同时在他们的高认同下，又有着高焦虑。54% 的家长为课外班感到"非常焦虑"或"比较焦虑"，80 后家长焦虑程度最高，主要是家长为报班的内容、数量以及师资的选择感到焦虑。由"分数"引发的焦虑还表现在"学区房"选择；或者有的父母选择出国来避开国内"千军万马"过独木桥的升学情况。

除了学习成绩之外，从社会环境维度看，校园安全和手机上瘾都是家长重要的焦虑点。《报告》显示，近年来，校园霸凌、幼儿园安全等问题频发，让校园安全成为家长新的焦虑爆发点。本次调研中，70% 的家长都对此表现出了焦虑。孩子年龄越小，自我保护能力越差，家长越担心，而随着孩子年纪的增长，家长的焦虑程度逐渐减弱。另外，83% 的中国家长担心孩子有"手机上瘾"的问题。其中 12 岁以上孩子的家长最为担心，且"手机上瘾"成为其孩子教育中最为焦虑的三大问题之一。

师：这些调查数据真实地反映了当下中国父母的焦虑情况。首先，是学习成绩。多数家长都对孩子成绩非常关心，可以这么说，孩子的成绩影响了很多家庭的幸福指数。不少家长紧盯孩子的分数，似乎成绩优异等同于家庭幸福。那些孩子成绩不好，家长又因为工作忙碌导致没时间陪伴、辅导孩子的家庭，似乎生活在"一地鸡毛"中。家长没有时间辅导，于是，课外辅导班就成了填满孩子业余时间的火爆首选。有数据显示，6到15岁孩子成为了择优、选优辅导班的主要受众。

谈及辅导班的火爆，离不开社会环境的影响。抱着"不能输在起跑线上"的心态，不少家长争先恐后地把孩子塞进辅导班。特别是看到周围朋友家的孩子都选择了参加课外辅导，爱面子、不服输的家长们顶不住压力，自然就跟风。这就好比在一个剧场中，某个人为了看清舞台，自己站起来看，影响到后排的其他人；而后排的人为了保证自己也能看到，不得不站起来。连锁反应后，几乎所有的人都不得不站起来看，坐着反倒看不到戏。社会环境中的"剧场效应"导致了家长的焦虑。

从社会环境的影响看，还有一个背景也是不可小觑的。不少家庭对生活质量的追求越来越高，希望对孩子有精心的养育，同时职场生存压力、养育成本的经济压力往往也给家长带来焦虑和不安。调查显示，妈妈的焦虑指数会比爸爸高，因为很多妈妈既要辅导孩子学习又要兼顾工作，爸爸的角色一旦"缺失"，会让妈妈觉得身心俱疲。所以爸爸更多参与到孩子的教育中，做好夫妻分工，既可以缓解妈妈的压力，又能形成融洽的家庭关系，促进孩子健康成长。

此外，随着国家二胎政策放开，越来越多的家庭拥有两个孩子。二宝的到来势必会造成父母精力不济。如何分配好家庭和工作的时间？如何平衡好两个孩子之间的关系？如何既能照顾好二宝的温饱，又不忽略大宝的心理和情感需求？这些都是如今的父母要面对的难题。

以上这些是从更广泛的角度来思考、探讨教育焦虑，有一些问题是我们无力改变的，我们今天的课主要立足于我们可以改变的那部分。

我之前和部分家长聊起过因为孩子的成绩而非常焦虑，这些家长身上有一些共性的言行，今天我们来对照自己平时的言行举止，看看是否也存在这些情况。请您扫屏幕上的二维码开始测试。

（1）每天晚上都忍不住坐在孩子旁边，生怕他（她）浪费时间。

（2）一到晚饭后就坐立不安，老想进屋看孩子做作业是否认真，但又怕打扰他。

（3）常常忍不住一遍遍问孩子考得难不难，考了多少分。

（4）整天提心吊胆，度日如年，一听到孩子没考好就忍不住发脾气。

（5）有时变得比往常更严厉，说话偏激；有时变得比往常更亲切，连自己都觉得不自然。

（6）听说孩子要测验考试，自己便坐立不安，觉得比孩子的压力还大，却还要装得若无其事。

（7）不敢大声讲话，不敢大步走路，看孩子的眼神都怕惊动了他。

（8）担心孩子太疲劳、营养不够，内心忐忑不安，生怕孩子考试那天会生病。

（9）无论干什么，心都挂在孩子那边，坐卧不宁，心悸、心慌，希望孩子快考完。

（10）莫名其妙地抑郁、痛苦、难过，悲伤得不想做任何事，有撑不住的感觉。

请对照一下，如与 1～8 题中描述相似的，每题得 1 分，累计 5 分以上者要注意调整自己的心态；如与 9 或 10 题描述相似的，也要注意调节。

我们来反馈一下，请得分 1～5 分的家长举手？（一小部分家长举手）如果结果大于或等于 6 分，您的心态就需要调整了。父母因为孩子的学习成绩而引发的焦虑，很多是因为父母对孩子的高要求却换来了孩子的低回应，比如父母希望孩子每天抓紧时间做作业，早点睡觉。结果孩子总是拖拖拉拉，有时作业没做好还要玩会儿，父母就会很生气，大声吼叫后孩子依然我行我素，家长越发生气、痛苦，并进而引发对孩子未来前途的深深焦虑。另一方面，父母的焦虑情绪会通过自己不经意的眼神、话语、行为传递给孩子。

2. "弦外之音"引发焦虑

师：教育孩子说对话很重要。然而极端焦虑状态下的家长常常踏入雷区，以致孩子们接收到了让他们感到焦虑、无力的信息。下面，我们来做个体验活动。以下是在家长会后学生和家长的真实反馈。假设在座的家长是孩子，请说说当你听到这样的话时会作何感想。

（1）"你只要尽力就好，爸妈真的无所谓，就冲个重点高中，没问题。"

家长6：我经常说这话，我对他没有很高的要求，他真的只要努力，肯定能上好高中。

学生的理解：家长说话挺矛盾，一会儿没要求，一会冲重点，这是无形的压力。

（2）"学习是你的事，怎能是为了家长，为了老师呢？"

家长7：这话听起来没问题。学习就是为了自己，学生应理解家长的苦口婆心。

学生的理解：除了为父母，我还真不知道为什么要这么拼命学习。

师：孩子正值青春期，对人生，对未来都是很迷茫的。

（3）"早跟你说了，要抓紧学习不要拖。你看看你现在……"

家长8：看来这也是个反面教材，我就经常说，看来是马后炮了。

学生的理解：父母就知道催，越催我就会越慢。

师：这位家长非常睿智，已经意识到了孩子需要的是具体方案而不是反复批评。

（4）"你学就好好学，玩就尽情玩。"

家长9：我们家就秉持着这个教育理念。
学生心想：我心里也急，可就是做不到。

（5）"你自己成绩不好，找我发什么脾气？！我还要照顾妹妹，
还要工作……"

家长10：作为妈妈，我必须反思，我和她爸爸都是长期在外工作的。
回到家，非常劳累，就想着刷刷手机，解解乏。其实成年人真的非常不
容易。

学生的理解：家长只知道工作和妹妹，一回家就玩手机，那我是不是
这个家里多余的人？

师：综上所述，家长的一句无心之言，往往让孩子们听到"弦外之
音"，透露出父母的焦虑心理。透过现象看本质，让家长焦虑的罪魁祸首
可能源自家长自身的一些不合理的信念。

首先是片面的成才观。在教育观念上，家长对成才标准的理解较为片
面，把孩子考高分、上大学、出国留学作为唯一标准，眼睛紧盯着孩子的
学习。长此以往，影响了孩子心理的健康成长，有的孩子产生了苛求完美
的心理，会对自我心存疑惑，有的孩子则不堪压力且缺乏斗志，选择自暴
自弃。

其次是寄托和补偿心理。一些家长努力给孩子提供最好的教育，让孩
子上好的学校，学各种才艺，补习英语和奥数……他们将自己儿时没有实
现的梦想寄托于孩子，希望孩子少走弯路，通过孩子对自己当年没有得到
或失去的东西加以寄托和补偿。孩子则往往对此很反感，从而导致情绪逆
反，郁闷不快。

第三是羞耻感。每次开家长会，总会遇到在老师面前斥责孩子的家

长。对于那些自尊心很强的父母而言，孩子成绩不理想会给父母带来羞耻感，从而"恼羞成怒"。但是，孩子不是满足家长虚荣心的工具，靠孩子来获取尊敬和夸赞，本身就不合理。

第四是恐惧感和无力感。怕孩子被他人比下去，怕孩子不能成才，这类"恐惧"让父母难以心平气和。也有一类父母，在孩子身上倾注了很多心血，甚至牺牲了自己的事业，孩子却没有达成理想中的状态，因而产生深深的无力感。

每个孩子都是独一无二的，孩子与孩子之间没有可比性，就像家庭与家庭之间没有可比性一样。我们要客观认识自己孩子的兴趣爱好、性格特点、优缺点等，直面现实，对孩子有个合理的期望值，调整自己的心态，这样才能降低我们的焦虑。

3. 应对焦虑的三个建议

师：其实孩子能洞察家长的焦虑，他们也不满意自己的表现。这就像一个人身上穿了一件破洞的衣服，他会一直担心这个洞被别人看到，便会不停地关注他人的反应。而家长的焦虑潜移默化地影响到了孩子，造成"两败俱伤"的局面。那么面对孩子的不佳表现，家长非常生气时或者家长感到焦虑时，该如何应对呢？

第一个建议是：**先处理情绪，再处理事情**。当人处于极度紧张和焦虑时，大脑是无法做出客观、理性的判断的，因此很有可能会说错话，做错事，从而产生误解和矛盾。怎么样才能做出更理智的决定呢？大家可以按照下面的步骤进行：

第一，当焦虑情绪出现时，先预估孩子的表现可能导致的极端结果；

第二，预估出现极端结果的可能性；

第三，在极端结果发生前，可以找哪三个人寻求帮助，或者做哪三件事缓解焦虑？

请家长们做个练习，在以下三则例子中，大家任选一个进行讨论。有一点需要说明，为了更好地体验和觉察，除了分享的家长，其他家长可以适时讨论或补充其他适切的做法。每个人的做法都可能不同，大家相互尊重，取长补短，一齐探讨。

例（1）你的孩子这次期中考试退步特别大，总分从班级前列掉到了班级倒数。

家长 11：我认为这件事最坏的结果是孩子因成绩退步而情绪崩溃，一蹶不振。要降低这个结果发生的几率，我会找的第一个人是孩子的爸爸。在教育孩子的过程中，他爸爸参与得很少。孩子成绩退步时，夫妻俩应先心平气和地沟通，我们的家庭教育是否出现问题。之后，我会找老师，交流孩子的情绪问题和交友上的问题。第三个要找的人是孩子本人。我会在情绪平静后，带着我的了解，去和孩子坦诚地谈一谈。

师：的确，在青春发育期，父亲的参与是至关重要的。父亲角色的缺失会迫使很多母亲在教育孩子上变得"强势"而又"无助"。因此，爸爸们，请和妈妈站在一起，多多参与教育孩子的过程，让家庭教育平衡而有效。

下面的两个例子，请家长自由组合，分组练习一下"抗焦虑三步骤"。相信大家通过练习，剖析问题时会少一些感性色彩，多几分理性的思考。

例（2）老师打电话来反映说，孩子上课一直犯困，听课状态差，作业一塌糊涂。

例（3）孩子突然对你说，不想上学了。

（家长们分组进行三步骤的操练）

师：第一个建议先练习到这儿，我的第二、第三个建议要卖个关子。我们先来看一则由真实案例改编但少一个结尾的短剧。请家长们根据自己的感受给这个短剧加个结尾。

【心理剧剧本】

《成绩出来后》

孩子：爸，妈，考试成绩出来了。

父母：考得怎么样？

孩子：不怎么样！都怪我之前没有好好学习，我要是再认真一点，一定不会是这样的结果。老爸老妈，我寒假抓紧一些，下学期再认真努力一下，我想成绩一定不会差的！假期里我发誓每天只玩1小时手机！

父母：好的，我们来做个约定。我们相信你，平时要多努力用功。

假期，孩子在玩手机，10分钟过去了……半小时过去了……50分钟过去了……1小时到了。

父母：1小时到了哦。

孩子并没有停止。

家长12：我会大声告诉孩子：你可以停止了。根据约定，到时间上交手机，我们都要守规则。

家长13：我会认真对孩子说：我们约定好的，请你把手机给我，否则我只能给老师打电话了。

家长14：我会直接把Wi-Fi断了，网线拔了，手机收走。

家长15：我会犹豫一下。如果我把她的手机收走，她就会跟我闹。

师：显然，故事的开始曾一度"母慈子孝"，一派祥和，但是随着孩子对手机的依赖，家长制止无效，家庭氛围下一秒就会变得"鸡飞狗跳"。当家长的情绪即将失控时，我的第二个建议是**稳住情绪，呼吸冥想**。具体方法是两拍吸气，八拍屏气，四拍呼气。多重复几次便可以让内心平静下来，稳定的情绪有助于理性地交流。孩子毕竟是孩子，而家长不能失去理智。

在家长稳住情绪后，我的第三个建议是**家庭约定**。父母找个适合的时间，心平气和地和孩子做一个"约定"，讨论今后出现此类问题的解决方式。当家长再遇到孩子沉迷手机不愿停止时，用约定提醒他，"我们讨论过，可以玩 30 分钟，现在已经 25 分钟，你还有 5 分钟，抓紧时间玩吧！"如果时间已经过了，则可以说："你还想继续玩，是吗？但是我们约定好了，我想和你一起遵守这个约定！"说这句话时，家长必须用明确而坚定的态度表示想和孩子一起遵守约定，并共同承担约定带来的责任。或者说："看来这个游戏很好玩，下次教教我。但是现在先遵守约定，收起来。"如果不奏效，请多强调几遍。

当孩子在网络世界尽情游戏时，家长的坚定，家长的言传身教，能使孩子感受到榜样力量。比如拿本书，拿份报，坐在孩子身边安静地阅读。一次两次可能感化不了孩子，但孩子的心灵迟早会有触动。

在家庭教育中，学会和情绪和平共处是一门非常大的学问。在教育孩子前，家长得学习处理自己的情绪，提高情绪管理能力。我要特别推荐 YouTube 视频《艰难平日里的快乐》（*Hard Day Soft Happy*），它轻松地诠释了情绪管理的重要性。视频中的孩子虽遭受了社会上的各种压力，但他能用各种方式巧妙化解焦虑，这带给家长很多启示。

4. 做孩子的情商教练

师：从长远来看，家长要培养孩子的情绪管理，其实是对自身提出了更高的要求。我还建议大家学做孩子的情商教练。在大数据时代，越来越多的工作都被人工智能所代替，但作为孩子的重要他人的家长永远不会被代替。同时，在各行各业普遍快节奏的社会中，高情商的人可以交更多的朋友，有更多的发展机会，他们的人生也会更快乐。作为家长，怎样来做孩子的情商教练呢？这里有五种动物，对应五类家长的亲子表现。

第一种，**鸵鸟型**。顾名思义，像鸵鸟一样把自己埋在沙子里，忽视回避出现的问题。这类教育的特点是"放养式"，这种堪称"佛系"的方式释放孩子天性，但并没有让孩子收获成长中应该具备的能力和素养。殊不知，放养教育"放"开的不应是规矩，而是思维，"养"成的不应是任性，而是习惯。

第二种，**老虎型**。此类教育方式的特点是"家长主导型"，即现下时兴的"虎爸""虎妈"，由家长决定孩子的成长方式和成长路线，甚至利用一些惩罚手段去维护家长权威以达到教育目的。父母们会把生活的理想、自己曾经的梦想全部"嫁接"给孩子。这些"嫁接"的理想在孩子小学时可能并没有让孩子反感，但是随着孩子步入青春期，他们很容易与父母意见相左而走上叛逆的道路。

第三种，**绵羊型**。这类家长在孩子面前表现得过于软弱。他们缺乏参与孩子学习生活的能力，对孩子的管教也往往显得无能为力。

第四种，**袋鼠型**。此类家长能理解孩子的感受，有很强大共情能力。但一旦孩子遇到问题或做错事时，他们如同袋鼠般辛苦地替孩子找各种借口，解决各种问题，帮助孩子逃避、推卸责任。

第五种，**牧羊犬型**。这类家长既能接纳孩子的情绪，并且教导孩子找到排解情绪的办法，又能设立规矩，适时地把话语权交给孩子，使其觉得自己受到了尊重，因而能将孩子培养成为独立、自主、有幸福力的情商高手。

最后一种教育引导型的方式，正是我们倡导的。

总之，应对焦虑情绪的原则是先处理情绪，再处理事情。抗焦虑分三步走，先让头脑冷静，再思考理性的解决方式。呼吸冥想法是最实际的方法，只要坚持练习，一定有帮助。然后要做好家庭约定，并有力而真诚地强化约定。改变孩子的坏习惯，需要时间，需要耐心，更需要家长从自身开始改变。最后，长远地找寻方法，做孩子的情商教练。与孩子平等对话，尊重他们的人格，和他们一起规划未来。

最后，我想以 YouTube 上看到的一首诗作为今天家长课的结语。

希望我死的时候能拉着孩子的手并向他道谢，
谢谢他做我的孩子。
我用我的一生协助了你，
让你寻找到了你想要做的事，

想要追的梦，

过自由快乐的生活。

我心满意足，

这是我对自己价值的真正实现，

我没有遗憾，

而且可以非常开心地离开这个世界。

所以希望大家在关注孩子成绩的同时，更多地关心孩子的心理成长，多陪他们聊一聊人生理想，问一问他们的梦想。希望孩子在将来，无论是在什么岗位，什么阶段，都有良好的情绪管理能力！

第 9 课　学会有效沟通

授课人：陈君贤

对象：初二年级家长

背景分析

随着经济发展和社会的进步，生活节奏越来越快，一些家长忙于工作而疏于对孩子的陪伴。然而，初中孩子正处于生理和心理发展的关键期，特别需要父母的关心、帮助和理解，以促进他们健康成长。这种被需要和难以满足需要的情况使亲子沟通问题越来越影响人们的生活，影响社会的发展，不利于和谐家庭、和谐社会的构建。

2017年中国教育科学研究院对北京、黑龙江、广东和山东等六省一市的2万名家长和2万名初中生进行了大规模调查，数据描绘出了当下初中生家庭教育的整体现状和大致轮廓：

第一，初中生家长大多正处于多事之秋的"中年危机期"，当"中年危机期"遇上"青春期"时，很多家庭进入一个互相之间不了解、不交流的阶段，亲子冲突较多，很多家长会用"叛逆、早恋、不好沟通、另类"等词汇来描述青春期的孩子。

第二，同伴是初中生课余时间玩乐、倾诉和分享秘密的首选对象，多达55.54%的初中生更愿意向"朋友、同学"倾诉心事，这预示着初中生已逐渐将同伴作为重要的情感依恋对象，家长已不再是孩子唯一的"重要他人"。

第三，超八成家长和学生均认为亲子间不同程度地存在冲突，初三时冲突达到最高水平。50.39%的初中生认为"和父母沟通中最大的困难"是父母不能理解自己。

第四，48.32%的初中生表示"很愿意"结交异性朋友，而46.34%的家长担心子女"学业受影响"，还有一些家长担心子女"染上不良习气"，担心子女"身体受伤害"和"情感受伤害"。家长更关注和担忧孩子学业受影响等现实因素，对孩子身心健康的关注远远不够，更没有看到异性交往对孩子建立积极、健康的爱情观和婚姻观的重要价值。

第五，47.39%的学生认为家长给的学习压力较大（比如父母期望高、父母管得严），而家长受教育程度越高，越注重培养子女的学习能力、学习态度和学习习惯，他们的子女在学习上自主性更强，学习动机也更偏重内部因素，感受到的学习压力相对越小。小学生需要"保姆式"学习指导，而初中生自主学习的意愿更强烈，较抵触家长的过度关注与关心。

第六，子女对父母权威的认可主要取决于家长"做自己做得多好"而非"为孩子做了多少"。子女对家长的评价能反映家长在子女心目中的形象与权威水平。

第七，夫妻共同教育子女的家庭仅为43.02%，由母亲主要承担教育责任的则高达40.70%。此外，父亲与子女的情感沟通状况更令人担忧，父亲教育的缺位和父亲教育资源的浪费，值得警醒。

第八，27.04%的家长认为"孩子不愿对我说心里话"。其中，学习成绩好的学生倾向于采取积极主动的沟通方式，而学习成绩差的学生倾向于采取反抗、忍耐、妥协等沟通方式。

第九，初中生家长与子女沟通呈现出单一、泛化的状态，话题多集中在学习等事务型沟通上，沟通方式多为家长问、子女答的单一模式。

由调查可见，由于中学生个体独立自主意识的发展，他们越来越不满意父母的管束，在心理和行为上对父母的脱离增强，而这时父母如果没有意识到子女心理上的变化，没有及时调整与子女的沟通方式，就会不可避免地导致亲子沟通障碍和冲突的发生。亲子沟通状况的不尽如人意和冲突的普遍性提示我们应该加强对中学生时期亲子沟通的研究，探寻有效亲子沟通的实现途径。

不论在学校还是在家庭中，青春期孩子的许多表现都与家庭关系中的沟通不畅有着密不可分的关系。青春期叛逆也成为很多家长在家庭教育中面临的一个大挑战。很多青春期孩子的家长对青春期没有正确的认识和理解，更加缺乏有效的沟通方式和方法。

授课目标

（1）帮助家长认识青春期孩子的特点。
（2）培养家长正确理解青春期孩子需求的意识。
（3）提高家长与青春期孩子有效沟通的能力。

课例实录

1.“青春期”的那些标签

师：欢迎大家来到家长课堂，今天我们聚集在这里共同探讨的是如何与青春期孩子有效沟通。家长们愿意来到这里，就说明大家已经对于这个话题有一些自我的反思，并且渴望有所改变。为什么我们要选择探讨这个话题呢？首先，作为一个初中教师和班主任，我接触到的许多青春期孩子所表现出的问题，背后都隐藏着与父母沟通不畅的原因。其次，我也是个妈妈，有一个上二年级的女儿。我的小孩在上小班的时候说过一句话，让我特别的震惊。有一次我让她刷牙，她故意不去，僵持之下她跟我们说：“你们就不能给我想要的自由吗？为什么什么都要听大人的？”当时我的第一感受就是这孩子怎么这么早就开始叛逆了。正因为我身兼这两个角色，教师和母亲，我才特别选择了这个话题。"叛逆"的青春期背后究竟隐含着什么样的原因？是否有方法可以改善家长与青春期孩子之间的沟通？我想我们今天的课不可能解决关于青春期沟通所有的困惑，因为很多沟通问题的根源还在于家长对于家庭教育和亲子关系的理念。但是，只要你在今天的家长课上听到一个你认可的观点或做法，有一点点触动，抑或是一点点反省，那么我们今天的课就是有意义的。

让我们把关注点先放在"青春期"这个关键词上，首先请几位家长来分享一下您的孩子在青春期有什么样的表现。

家长1：我的小孩在小学各项表现一直很好，但是到了初中以后，成绩一直往下降。起初我也没太多的注意，但是老师向我反馈她有作弊的现象，还有一些其他不良行为，而且她也不愿意跟我沟通。

家长2：我们家的问题是电子产品的使用。孩子说平时没怎么休息，到周末就需要休息。但是我们以为他在休息，其实他是在房间里玩电脑。

家长3：我家孩子，到了青春期，最大的感觉就是他特别想独立，感觉到他跟我们之间是有距离的。青春期的这种距离感导致我们无法和孩子推心置腹地聊天，孩子拒绝跟我们沟通。

家长4：我对孩子没有特别大的要求，只要能考一个理想的高中。但是我家孩子就是很不爱学习，到了青春期尤其明显。

师：从大家刚才的分享中我们已经可以直观地了解到青春期孩子的一些特点。青春期孩子的一个关键特点就是觉得自己长大了，可以自己做决定，做自己想做的事，也就是我们刚才这位家长提到的独立。但是家长对此会有失落感，因为孩子小的时候什么都听父母的，是家长的贴心小棉袄。但现在似乎一切都不一样了，青春期的孩子不再认为你可以上天摘星星，不再把父母当做他们心目中的英雄。

同时，家长理想中孩子的模样也跟孩子真正长成的样子不一样了。我举个例子，我特别希望我的孩子是一个开朗活泼的孩子，但事实是她各方面表现得都比较内敛、安静，这个就是我的理想和现状的差距。再比如刚才有一位家长提到的，她的孩子从小学的优秀到初中的成绩下降，就是她所面临的现实与理想的落差。对于这样的落差，其实孩子和家长都是难以接受的。从孩子的角度看，他的表现就是各种我们看得见的问题，比如厌学、作弊等。从父母这个角度看，表现出的是困惑不解，还伴随着一些抱怨。如果家长不能很好地理解孩子其实也面临着巨大的困难，也没有帮助孩子去分析原因、寻求方法，而只是一味地要求孩子达到家长心目中的理想状态，就容易产生很多亲子矛盾。

正如很多家长感受到的，青春期的另一个重要表现是不愿意沟通，甚至是拒绝沟通。青春期的孩子还特别容易生气，面对家长的要求，他们会表现出极度的不配合和拒绝。除此以外，青春期的孩子还可能表现出以下这些行为：不爱卫生，不敬畏父母，吃垃圾食品，太晚睡觉，戴着耳机写作业。相信大家都能在这些表现中找到自己孩子的一些缩影，由此可见，青春期的很多表现都是普遍现象，而非仅存在于你家孩子身上的个别现象。

2. "青春期"背后的暗语

师：大多数家长只能看到孩子在青春期的种种他们不能理解的"表象"，却极少思考过这些表象背后隐含的原因。青春期对于孩子来说也是他们所面临的一个巨大变化和挑战，他们的心理也在承受着很多压力。很多青春期孩子也表达出了他们的困扰：比如学习难以专注，难以自律；与老师、同伴的关系不是很和睦；以及对自己未来的不确定性的担忧。孩子们所经历的变化和挑战可以总结为以下几点。

第一，巨大的身心变化。比如女孩子，会有一些身材和外貌上的烦恼。还有女孩子会关注有没有异性喜欢自己，想要得到异性的关注。

第二，身体发育快，从外形上看像成年人，但他们的心智却不成熟，做事易冲动，不理智。对于有些孩子来说青春期的意义可能就是可以尝试很多之前不能做的事情，比如抽烟，喝酒。

第三，尝试探索自我，独立意识增强，个性凸显，他们会思考我是谁，我想干什么，我能干什么。

正因为以上这些变化和挑战，青春期的孩子就会有一些家长们容易忽略的需求。如果我们不了解他们的需求，我们就不会理解孩子为什么会有这些表现，如果我们能看到他们的需求，我们就可以更理智更合理地应对。

比如，青春期的孩子想搞清楚"我是谁"，"我"经历了什么样的变化，所以他们用各种方式去探索和寻找自我。他们觉得自己很厉害，这个也行，那个也行，不需要家长的帮忙。他们还觉得自己极其需要被尊重，这就是为什么孩子不允许家长翻看他们的书包或者作业。除此以外，在青春期孩子看来，和朋友的关系高于和父母之间的关系，对他们来说建立一个好的朋友的关系比建立家庭关系更重要。这就是为什么他们更愿意与同学分享秘密，而不愿与父母交流。

在大家了解完青春期的特点以及青春期孩子的需求以后，您有什么感受呢？在实际生活中，您的孩子有没有什么实际表现是对应着这些特点和需求的？大家以小组为单位一起先讨论一下，再来分享。

家长5：周末的时候我让孩子收拾东西，做家务，孩子特别不愿意，但是只要同学一叫她，她就走了。我现在想这样的表现是对应着老师您刚刚提到的和朋友的关系高于和父母之间的关系，对他们来说建立一个好的朋友的关系比建立家庭关系更重要。

家长6：我女儿进入初二以后特别关注自己穿什么，好像每天都想把自己打扮得美美的，我不希望她把太多的注意力放在外表上，于是总是想去干涉她的穿着，因此我们也就这件事情起了很多的冲突。听了老师刚刚的解读，我现在理解了女孩子在青春期阶段会产生对身材和外貌的烦恼和困惑。我觉得在这件事上我也没有必要过多纠结，应该从她的角度多去理解她。

家长7：我们小组讨论后的共同结论是，现在能明白孩子为什么什么都不给我们看，对自己的隐私也很保护，对于我们提出的很多建议都会拒绝。因为青春期的孩子特别渴望独立和证明自己长大了，我们做家长的应该给予他们更多的尊重和理解。

师：感谢大家的反思和分享。现在大家再看青春期，可能就不会再一味地把"叛逆"这个词强加在它身上了，因为不是所有的青春期都会转变成叛逆期。有的孩子觉得青春期就是长大了，各方面能力增强了，包括沟通能力，他们会选择跟父母更好地交流沟通，也会很顺利地度过青春期。也有一些孩子，他们之所以会走向我们所谓的"叛逆"，其实跟不恰当的家庭沟通有着密不可分的关系。孩子小的时候，家长替孩子做主，包办一切，以这样的方式爱着孩子。然而随着孩子年龄的增长，他的生理、心理都已经发生了变化，但家长还是沿用着以前的教育和沟通方式，那么就容易造成孩子与家长之间沟通的障碍，也容易让孩子走向叛逆。

3. 我们未曾了解的"冰山下面"

师：让我们来了解一下世界知名的心理治疗师和家庭治疗师萨提亚女士提出的冰山理论。冰山理论实际上是一个隐喻，它指一个人的"自我"就像一座冰山一样，我们能看到的只是表面很少的一部分——行为，而更大一部分的内在世界却藏在更深层次，不为人所见，恰如冰山。冰山理论包括行为、应对方式、感受、观点、期待、渴望、自我七个层次。

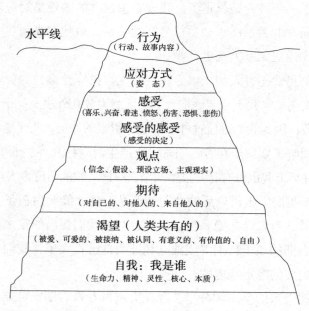

让我们结合一个典型案例来深入感受一下冰山理论。

马上就要考试了，小 A 看起来一点都不着急。他每天上课不专心，作业拖延，效率低下，不想上学.....父母看在眼里，非常焦虑。每次督促小 A 抓紧时间学习的时候，小 A 就躲进自己的房间，或者与父母发生冲突。

思考：

（1）小 A 的内心发生了什么？

（2）父母会如何应对？

师：如果我们对照冰山理论，针对这个案例，我们可以大概做出下面的一些总结。

行为：上课不专心，作业拖拉，效率低下，回避父母

应对：打岔

感受：无力感，无聊，烦躁，焦虑，愤怒

观点：我什么也做不好，爸妈根本不在乎我这个人，只在乎我的成绩

期待：别人对自己的认可，哪怕是很小的一方面

渴望：价值感和成就感

自我：我没有能力，自我价值感低

冰山最上面的就是孩子表现出来的行为，就是所有令家长烦恼的那些表象问题；应对是孩子表现出来的态度。孩子的感受有开心、兴奋、着迷、愤怒等，感受有强有弱，有正面的和负面的。观点，就是价值观、人生观、世界观，就是孩子是如何去看待世界万物和他周围的人以及关系的。期待是孩子想要的东西，是他的诉求，孩子也需要认同、尊重和自由。渴望是期待背后最深层的呼唤。最底层是自我，是寻求自我存在的意义。

我们再结合案例来分析每个层次。孩子的行为是不专心，不爱学习。行为是最能让家长感到烦恼和焦虑的。他的应对是打岔回避。他的感受有很多，大多数是负面的。很多家长只看得到前面两点，也就是自己无法理

解的孩子的行为和应对，然而家长们经常不知道孩子的感受。孩子需要什么？孩子需要的是家长的认可和接纳，但是一般家长给予的都是不认同和不接纳，因为他们只看得到最上面两个层次。因此，父母和周围环境对孩子的不认同和不接纳便造成孩子成就感和价值感的丧失。

其实青春期孩子表现出来的很多问题都跟孩子的成就感、价值感缺失有关系。以玩电子游戏来说，当孩子在学习方面得不到成就感的时候，就需要找另一个切口去实现自己的成就感，比如虚拟的网络世界和游戏。我遇到过一个孩子，小学成绩优秀，进了初中成绩下降，越来越没信心，同时由于家庭其他因素的影响，慢慢迷上了游戏。他玩得特别厉害，觉得自己有天赋，特别有成就感，甚至立誓要冲出国门走向世界。他喜欢电竞，因为只有在那样的虚拟世界中，他才真正得到了认同感和成就感，而这样的价值感是他在现实学习和生活中无法获得的。

再以网恋为例，一些网恋的孩子很有可能就是在家庭和班级里得不到他们所需要的认同感，而在虚拟世界里他们却得到了更多的理解和认可。如果家长能看到冰山下面隐藏的这些原因，可能就是达成健康沟通的一个良好开端。

4. 我们未曾了解的自己

师：我们经常很自信地说，我对自己足够了解，并清楚地知道自己想要的和不想要的是什么，也明确地了解自己的定位和方向。请问大家了解作为父母的自己是什么模样吗？我们每个人在孩子心目中是什么样的父母？

让我们借用一个情境来探讨一下，如果您是家长，您会怎么反应？

孩子说："我不想上学了，压力大，没意思，上课我也听不懂。"

家长 8：不上学了，那就去打扫卫生吧。

家长 9：需不需要我的帮助？

家长 10：我知道了，你接下来想怎么做呢？

家长 11：有很多人没钱都想上学，不上学就没有这个机会了。

师：不同的家长会有各种不同的应对方式，这些应对方式大致包括以下几类。

类型 A：你不上学还能干什么？没有文化连出去打工都没有人要你！现在社会大学生都找不到工作，你不上学怎么行？

类型 B：现在的社会是知识型社会，一个人如果没有文化很难在社会上立足……

类型 C：叹口气，不说话。

类型 D：别逗你爸妈了，快去写作业吧！

师：以上几种反应的背后，其实是不同类型家长的不同"模样"：

A. 控制型，总是指责孩子，即使关系变得紧张也不能压抑自己。

B. 权威型，爱讲道理，摆出科学、逻辑与合理的观点，说服孩子。

C. 放纵型，担心伤害到孩子，宁愿压抑自己，忍受愤怒。

D. 忽略型，用幽默或顾左右而言他等打岔方式来结束冲突。

以上这些应对方式都不能有效地与孩子沟通。我们如果尝试着说："我听你说上学没有意思，发生了什么能跟我说一下吗？"这样的沟通给予孩子更多的尊重和空间，也给了孩子发出声音的权利和机会。孩子听到这样的话语，会更愿意打开心扉，主动跟家长沟通，并且探讨解决问题的办法。

然而，平时的我们在孩子心目中又是什么模样的呢？我曾经在学生中做过调查，询问孩子们理想的亲子沟通模式，让我们一起来听一听他们的心声，感受一下他们的需求。他们的诉求可能就是家长们平时展现出的模样的反面。

（1）不要长篇大论的说教（家长总以为自己比孩子懂得多，逮着机会就想教育一番，尤其是家长做老师的）。

（2）说话要简短而亲切（一教育起来就又啰嗦又凶狠）。

（3）诚实地说出来（分明心里那么想，嘴上又说另一套，比如爱说：其实你考多少成绩我们是不怎么在乎的）。

（4）能够妥协（家长觉得妥协就是输了）。

（5）不要以高人一等的口气跟我们说话（家长总觉得自己是比我们高级的生物）。

（6）听我们说，不要总是试图说服我们（他们只管自己说完自己爽了）。

（7）同样的道理不要一遍又一遍地说（好像多说一遍我们就会多明白一点，其实我们从第一遍起就没想听）。

（8）如果我们有勇气把自己做错的事情讲出来，请不要发脾气，不要反应过度（你们知道我们需要多大的勇气才坦白了自己的错误吗）。

（9）别问个没完没了（如果我不想说就请不要追问）。

（10）不要在另一个房间里大叫，并期待我们立刻跑过去（能否展示出作为家长的基本礼仪以及对我们的尊重）。

（11）不要通过"我帮你做这件事，是因为……"之类的话试图让我们内疚（我从来没要求过您帮我做什么）。

（12）不要给我们你无法兑现的承诺（你们总希望我们说话算话，殊不知你们自己首先犯规了）。

（13）不要把我们跟兄弟姐妹和朋友作比较（如果我也把你们跟其他父母作比较，你们一定马上爆炸）。

5. 我们未曾意识到的那些"伪"沟通

师： 这里有一个视频，我们来观看一下（视频中家长一味发泄，数落孩子，孩子表现出全盘拒绝）。很多时候我们的沟通其实只是自以为是地表达自己的想法，发泄自己的情绪。

让我们再通过一个案例来了解一下我们以为的亲子沟通中有多少是实

际上无效的"伪"沟通。

小明以往数学都在 95 分以上，年级排名前 10，这次考试却只有 80 分，年级排名下降到 30 多位，你作为小明家长，在看到分数后，你会讲什么？

A. 这样不行的啊，80 分这样的成绩，怎么去考重点高中？

B. 这段时间你怎么了？心神不定，才考了 80 分啊？！

C. 我们一起看看你都错在哪里了？

D. 根据你平时表现，我相信你的能力远不止 80 分，我们来分析一下，如何能让自己的水平发挥更好？

师：我们来分析一下这些沟通中的"伪"与"真"。A 家长先是打击了一下孩子，其实孩子看到这样的成绩自己也会意识到这个结果是不好的，接着反问了一句，将一次考试成绩联系到中考，给孩子很大的压力。B 家长先是把责任全部推在孩子身上，表达这样的考试成绩全都是因为最近表现不好，"才考了 80 分"的意思是家长内心的期待比这个高，典型的把自己的需求强加到孩子身上。C、D 两位家长则侧重于帮助孩子分析原因，解决问题，而不是单纯地发泄自己的情绪。D 家长还表现出了对孩子的认可和信心。如果您是孩子，听到这几种不同的反应，心情也会完全不一样，而孩子的心情直接影响着家长与孩子沟通的效果。所以，我们需要反思我们平时与孩子的沟通是真正的沟通，还是只是为了宣泄自己的情绪。

让我们共同来反思一下，您对您的孩子说过以下这些话吗？

- 不好好学习，以后找不到好工作，没办法过好生活。
- 你看看人家的孩子！
- 一开始是你要学的，怎么反悔了呢？
- 你今天晚上只能写作业，除了学习其他的什么都不能干。
- 你就负责好好学习，其他的都不用管。
- 哪有那么多为什么？你别胡思乱想，只管学习就好。

- 考好了有奖励，考不好了什么都没有。
- 都是因为你，妈妈才这么苦这么累。
- 接下来你就好自为之吧，反正我已经尽力了。

家长 12（主动举手）：我感觉我中了蛮多招的，因为很多话是我不经意间就会跟孩子讲的，有的时候无法控制自己的情绪，就口不择言，脱口而出。刚刚那一瞬间我切身体会到了孩子心里的感受和受到的伤害。原来我一直都没有从孩子的角度去思考，很多时候我只是在发泄自己的情绪，又谈何真正的沟通，感觉自己在这方面做的太欠缺了。

6. 健康的沟通方式

师：当我们意识到自己与孩子的沟通存在如此多的无效因素之后，我们就需要了解一下健康、有效的沟通方式和沟通技巧。

（1）做好"一致性"准备

萨提亚女士提出了"一致性沟通"，就是自我、他人和情境的一致性。当我们与孩子发生冲突矛盾时，可能有以下几种情况：第一种就是你有负面情绪，他很开心（比如孩子上网玩了一天）。第二种是，你很开心，他有负面情绪（比如你强烈控制孩子的娱乐活动）。第三种是双方都有负面情绪，这也是最严重的一种情况（比如你不允许孩子娱乐，他与你顶撞）。当我们面临这样的情况时，我们如何做到沟通前的"一致性"准备？

首先深呼吸，然后接纳，接纳这个状况。接着，要了解自己的需要，我自己的诉求是什么？最后是连接我和他，也就是沟通。在沟通过程中，我们可以运用这样的语言，比如"我观察到……"来表达我们所看到的事实。也可以向孩子直接表达自己的感受和需要，可以选用这样的句子"我看重……我希望……"。最后家长要邀请孩子来表达想法和需求，比如说"你现在想要什么"或"你希望我做什么"等等。

（2）做好"语意澄清"

有时候，父母也会觉得很冤枉，觉得自己其实没说什么，怎么孩子会产生那么激烈的负面反应。其实，我们把想说的话改变一下句型，多澄清一句，孩子可能就好理解了。举一个例子，孩子要出门，爸爸问他去哪儿，孩子头都不回就说，你怎么什么都管？家长会觉得，孩子真不理解我，我关心他，他还这样对我。我们再来细致分析一下，爸爸说的是"你去哪儿？"孩子的理解就是你在管他。如果我们再加一句："我不是要管理你去哪儿，而是觉得你出去太晚回来的话，会不安全，我会不放心。"这样孩子可能就更容易接受。

那么我们来尝试着用这个方法改变我们说话的方式。

儿子今年15岁了，每到周末，就喜欢和同龄的伙伴们结伴出去玩，唯一的问题是，小孩子有时一玩起来就忘记了时间，晚上快11点才回家。

不当的做法是，大声责骂道："跑哪里去了？怎么这么晚才回？"

语意澄清："我的意思不是非要管着你，我的意思是，我很担心，这么晚了又不知道你在哪里，希望你下次出去玩时最好和我们说一声。"

天气降温了，可女儿就是不肯加衣服，嫌穿太多活动不方便。

不当的做法是，对她说："别到处乱跑，赶紧把衣服穿上！"

语意澄清："我的意思不是想管你太多，是怕你一忙就忘记加衣服，等到觉得冷时会不舒服！"

（3）做好"句式转换"

现在让我们来回想一下，我们是否经常会用到这样的语言？

- 你怎么上课老睡觉？
- 怎么你的成绩总是上不去？
- 你怎么老写不完作业？

如果我们换一种表达呢？

- 你计划什么时候完成作业？
- 你觉得你做这些事情会不会有什么帮助？
- 这样的改变会不会提升成绩？

我们把这样的指令叫做启发式指令，这样的询问会让孩子更放松，更能接受。

有些父母是教练式的，有些父母是填鸭式的。教练式的父母多用启发式的问句，比如经常会问孩子："你觉得怎么样？你有什么别的看法吗？"填鸭式的父母喜欢用祈使句，总是在输出命令。这两种类型的父母最大的区别在于是否给孩子思考的机会，让孩子学习自己判断、选择。

这里有几个情景，我们分配给几个不同的家长小组来操练，用启发式的交流代替填鸭式的交流。

- 希望孩子收拾屋子。
- 约定时间到，希望孩子把电视关了。
- 希望孩子去做作业。
- 要迟到了，希望孩子快点。
- 到点了，希望孩子早点休息。

（4）做好"恰当"鼓励

表扬关注的是结果，鼓励关注的是过程。表扬的人高高在上，鼓励的人与对方是平等的。表扬如甜品，偶尔为之，无伤大雅。鼓励如主食，是每天要给予自己和家人的。

研究表明，如果长期只受到表扬的话，孩子长大以后就会习惯于逃避挑战、逃避困难以获得表扬，还可能造成孩子受挫能力差，不能接受批评和失败等结果。

鼓励就是给人以信心和勇气，未必是在成功的时候，也有可能是在失败、失意的时候。鼓励就是努力了就会获得的认同感，这会带来自信。鼓励可以让孩子认可自己的努力，而不是只专注于追求完美的结果和取悦他人。

让我们一起来学习几种鼓励的方式：

- 启发式鼓励：你感觉怎么样？你是怎么做到的？现在有没有什么其他想法？
- 描述式鼓励：我注意到你主动收拾好了房间，这就是自觉。
- 感谢式鼓励：你按时完成作业了，很感谢你遵守我们的约定。
- 授权式鼓励：我对你有信心，我相信你的判断。

有时候，我们自以为对孩子的肯定或鼓励结果可能适得其反，比如以下家长常用的三种语式：

- 妈妈说对了吧，认真复习才能有好成绩。
- 努力就会有好收获，你现在知道你之前失败的原因了吧。
- 这个题做得很好，要是别的题也都这样就好了。

以上三句话的不当之处在于：第一句话，剥夺孩子的价值感；第二句话给鼓励打了折扣；第三句话画蛇添足地加上了一句让孩子感到气馁的话。

7. 沟通的关键在于家庭关系和教育理念

师：我们今天虽然谈的是与青春期孩子的沟通，但凡是跟孩子有关的话题，就逃不开亲子关系和家庭教育。我们所看见的青春期孩子表现出来的行为和问题，很多是由于与青春期孩子沟通不畅所导致的，其实根本的原因还在于家庭教育某方面的缺失和父母教育理念的不科学。

举一个例子，有些家长总是觉得自己的孩子不爱学习，考不出理想的分数，所以对孩子怎么都不满意。那么试问，家长是不是只拿"分数"这个维度去评判孩子了呢？孩子除了学习，有没有其他的优点？还是说家长从来就拒绝看到孩子的其他优点？因为在家长看来，成绩代表了一切。家长带着这样的观念，还想获得有效的亲子沟通，那也是绝对不可能的。

（1）家庭教育需要父母共同参与

今天来的很多妈妈都提到了爸爸在家庭教育中的缺失。和谐的家庭关系，需要爸爸在家庭教育中的足够参与，因为爸爸的角色对男孩、女孩成长的影响都是不可忽视的，对于青春期孩子来说尤其重要。在家庭教育中，父母双方的共同参与非常重要。

很多家庭都会遇到类似的问题，父母中的某一方会因为某些原因，比如工作忙，在家庭教育中缺位了。那么有可能产生的后果是什么呢？例如爸爸如果长期不参与教育的话，妈妈的角色就会很尴尬，因为一直是妈妈在处理孩子的各种情况和问题，在这个过程中妈妈和孩子就很有可能出现很多的矛盾点。孩子会觉得妈妈怎么总在管我，甚至是在控制我的全部。说得通俗一点就是，没有办法做到父母双方一个唱红脸，一个唱白脸，父母无法协调分工，共同教育孩子。

有的家长也提到了离异家庭。我们都清楚地知道，孩子身上的问题可能体现的是一个家庭的问题。不是说完整的家庭一定没问题，也不是说离异家庭或者重组家庭一定有问题。我们可以看到一些离异家庭的孩子成长得非常健康快乐。其实关键在于父母双方是否能给予孩子足够的爱与陪伴。在一个完整的家庭里，如果父母关系紧张，家庭矛盾突出，那么孩子就会用各种各样的行为，来引起父母的注意，表达心中的不满，这些不好的行为有可能在学习上突出表现出来，也可能会用一些其他的极端的方式如自残等来表现。反之，如果在一个离异家庭中，爸爸妈妈的分开是理智且妥帖的，孩子也仍然能够感受到来自父母双方的爱，那么离异就不会对孩子有太多的影响。

（2）陪伴是解决亲子问题的良药

下面我讲一个真实的案例，来体悟一下陪伴的魔力。

我曾经教过的一个学生，爸爸在外地工作，常年不在孩子身边，妈妈承担起了孩子所有的教育责任。孩子在初二升初三的时候出现了很多问题，不仅是学习，还有沟通方面的问题。老师们也协助妈妈做了很多的尝试，但效果都不太好。我在跟孩子多次沟通后，发现他对爸爸不在身边这件事情还是比较在意的，孩子表现出来的是一种叛逆或者一些负面的情绪。在他们家庭共同商量后，爸爸决定调回来工作。由于此前聚少离多，一开始孩子也不是很乐意接受爸爸的各种尝试沟通。后来爸爸做了一件事情，一件简单却又不简单的事情。他克服了工作和生活上的困难，每天早上陪孩子骑自行车上学，再骑自行车陪他放学，风雨无阻。

　　这个习惯坚持了两年，就是在这个过程中，孩子慢慢地发生了变化。这可能就是我们常说的"静待花开"。有时候教育的成果不是一蹴而就的，有的家长过于着急，尝试过后发现没效果就很快放弃了。发生在这个孩子身上的变化虽然是缓慢的，但却很神奇。孩子的转变不仅是在和家长的相处和沟通上，而且孩子在学校和生活中的各种表现都发生了喜人的变化。这位父亲究竟做了什么？其实无非就是看似简单却难以付诸行动的"陪伴"。

（3）爱他就如他所是

　　对孩子而言，剥夺他安全感最快的方式就是让他觉得爱他是有条件或目的的。这句话背后隐含的意义是当孩子不再这样的时候，家长对他的爱就要打折扣了。我们与青春期孩子的许多矛盾都来自家长无法接受孩子现实与理想的模样有偏差。说一个我自己的例子。我是一个急性子的母亲，一开始总嫌弃我女儿慢，虽然我嘴上不说，但是内心非常着急。女儿刚上幼儿园的时候，老师夸她画画不错，就是有点慢。回家陪她画画时，我总是在一旁督促着，我说你画得很好，就是有点慢。女儿抬头盯着我的眼睛说："为什么要快，快了我就不能把每一个空白的地方填满。"我差一点把她的方式看作是错误的方式。瞧，我们成人就是这样的自以为是。孩子是如此的多样，有的内向有的外向，有的伶牙俐齿，有的安静腼腆，有的循规蹈矩，有的不拘一格。他们就像花园里各色的花一样，因为独特才更加美丽。

在当今竞争压力巨大的大环境下有的家长容易变得功利，觉得学习好就是成功，误以为孩子现在的模样就是他未来的模样。我最不相信的一句话就是"不要让孩子输在起跑线上"，因为人生本来就是一场马拉松，孩子人生的成就和幸福也不是我们现在用一次考试就能够衡量的。我们要时刻提醒自己不做功利的家长，要顺应孩子自身的成长节奏，绝不强求。在孩子年少的时候，帮助他们培养一些能让他们受益一辈子的习惯和品质，帮助他们找到自己真正的爱好，因为孩子的爱好与特长会帮助他在任何环境下都能找到自己的存在感和成就感。当孩子拥有这样宝贵的价值感时，他可能就成为你理想中的样子了，你们之间的矛盾也就刹那间消失了。

所以，请坚定地告诉你的孩子："我爱你，我爱你是出于本能，而不是因为你成绩好，也不是因为你完成了什么目标我才爱你。"

青春期是一个自然的阶段性过程，这个过程终究是会过去的，家长们没有必要过分焦虑。青春期是一个孩子成长的过程，也是家长成长的过程。用适当的态度和方法，我们都能轻松愉悦地度过孩子的青春期。

首先，我们需要给青春期的孩子独立的空间，要允许他们去尝试，去经历，去成长。我们不能做那种永远想要控制孩子的父母。其次，作为家长，我们应该更多地去理解青春期孩子所面临的挑战和需求。我们需要从冰山的上面看到下面的底层，看到孩子行为背后的原因、情绪、态度等。再次，我们也需要像今天参加家长课这样放开自己，去修正自己的一些观点，也去学习，学习一些有效的方法，走进孩子的世界。最后，更重要的是更新教育理念，建立和谐家庭关系。如果我们在家庭关系中父母共同参与，坚持陪伴，真诚地关爱孩子，相信青春期就不会有叛逆，沟通也不会有阻碍。

今天的课，如果有一个瞬间打动你，有一个案例让你能反思自己，有一个方法你可以回去试用，那就是成功。最后真诚感谢家长们的参与、分享！

辑 二

成全孩子

第 1 课　好习惯是王道

授课人：王黎宏

对象：初一年级家长

背景分析

　　巴金说："孩子成功教育从好习惯培养开始。"美国作家斯蒂芬·盖斯在他的著作《微习惯》里也提道："养成好习惯，它会为你指明一条新路，让你重拾自信，给你希望，它还是个绝好的基础，可以在上面建起很多东西。"学习习惯是一个老生常谈的话题。初一新生在进入初中后会有一个适应过程。和小学不同的是，初中阶段学习科目增加、学习节奏加快，不少孩子因沿用小学阶段突击式的学习模式，没有及时调整学习习惯和学习方法，导致进入初中后学习成绩出现较大的落差，进而影响了孩子的学习动机、人际交往、心理状态等。

　　为研究良好的生活习惯与更好的学习成绩的相关性，成都电子科技大学 (UESTC) 的研究人员曾在 2012 年至 2015 年对 18,960 名在校本科学生进行了数据分析，数据主要通过学生的校园智能卡来采集他们进入图书馆、洗澡、洗衣服、早餐等日常生活行为。根据 Spearman 等级相关系数，绝对值越大，相关性越高。结果显示，学生的学业成绩和定期用餐的相关系数为 0.128，定期洗澡的相关系数为 0.157。研究员高健说："即使在寒冷的早晨，表现较好的学生也很容易克服困难并坚持日常生活，而成绩差的学生往往躲在被窝里。学生越能够克服天气条件的影响，自律性越好，

辑二　成全孩子　053

成绩越好。"该成果在《英国皇家学会界面期刊》(*Journal of the Royal Society Interface*)公开发表。

人的行为风格是统一的，不能简单割裂开来。一个人的习惯一经形成，就很难改变，生活习惯往往会自然地迁移到学习上。正向、有计划、自律都是优秀习惯的重要特征，优秀习惯才是提升学业品质的王道。

现在越来越多的家长愿意抛开成绩这一单一的评价标准，转而从学习习惯的角度入手，全面评价自己孩子的学业情况，正确评估孩子的学习能力。同时，也有一部分家长还没有找到培养孩子学习习惯的有效路径，看着孩子成绩下降后采取了不当的教育方式，最后引发亲子关系的矛盾。

本节家长课旨在帮助家长明确初中阶段起始年级的良好学习习惯有哪些，作为家长可以做什么来培养孩子良好的学习习惯，提升孩子可持续发展的学习能力，助推孩子的成长和发展。

授课目标

（1）帮助家长了解良好的学习习惯的含义。
（2）帮助家长了解培养孩子良好的学习习惯的方法。
（3）提升家长培养孩子良好的学习习惯的能力。

课例实录

1. 体验为快

师：各位家长好，非常高兴大家来参加本期家长课。在活动正式开始之前，首先跟大家做几个约定。第一，为了今天大家都有更好的收获和成长，希望接下来相处的时光，我们将手机调成静音，不随意走动、不接听电话，积极倾听并能热烈讨论和主动分享；第二，今天的家长课，各位一定会谈到孩子们一些有待改进的地方，如果涉及隐私部分，希望在今天活动结束后把秘密留在这里，不在任何场合再去议论；第三，我准备了一些案例，这些案例是综合多个学生的情况，把矛盾点集中在一个人身上，请大家不要对号入座。如果大家可以遵守以上约定，我们就鼓掌通过。

首先，我们来进行一个小游戏，请大家将双手十指交握，保持 10 秒。已经交握完成的家长请换一下上、下手，如果是左手大拇指在上的，请把右手大拇指换到上面来；如果现在是右手大拇指在上面，请把左手大拇指换到上面来，重新双手交握。我请几位家长来分享一下，变换之后有什么感觉。

家长 1：感觉稍微有点别扭。

师：身体上有点排斥。

家长 2：一开始好像有些不习惯。

师：过了一会儿感觉如何？

家长 3：还可以。

师：慢慢接受了这个小小的改变。

家长 4：我一开始不太习惯，要是时间长点应该能接受。

师：如果下次没有提示的情况下再让您双手交握，您会用新的手势吗？

家长 4：肯定不会。

师：现在我们可以把手放开了。刚才的小游戏，我请大家变换了一下平时交握的小习惯，最初的时候，不管是身体还是心理，都让人觉得不舒适，并有所抗拒；变换时间长了之后，渐渐地没有那么难受，慢慢地也就接受了；但是，如果再次让你进行双手交握，在自然状态下，大家是不会改变原来的交握习惯的。

这个体验活动让我们感受到，习惯的改变或者重塑会让身体觉得不舒服，也许还会有排斥心理。学习习惯的改变也是如此，当我们想要纠正孩子不良的学习习惯时，孩子最初的反应可能是身心抗拒。所以在今天上课之前，我首先希望家长能够对从孩子的角度去思考问题，去理解他们。当然，改变习惯是完全可能的，需要我们有信心，有方法。

今天这节家长课就是让我们一起来探讨方法、技巧，为重塑孩子良好的学习习惯提供支持。俗话说效尤容易学好难，孩子一旦习得并建立了良好的学习习惯，还需要我们家长持之以恒的帮助，来巩固良好的学习习惯，否则，将功亏一篑。

2. 家长之惑

师：首先，请各位家长交流一下，在学习习惯这个问题上，目前困扰你的孩子的最大问题是什么？请具体描述。

家长5：我的孩子写作业速度很慢，好像对时间没什么概念，天天晚上弄到11点多。我看他们班其他孩子8点多就能做好作业，晚一点的，9点半也能完成了。

家长6：我家孩子做作业的时候注意力超级不集中，一个晚上从房间跑出来好几次，不是喝水就是上厕所。做作业时还喜欢玩玩橡皮、尺子。

家长7：我家孩子是没有主动学习的观念，我每天都要跟他唠叨，你再背背英语单词，再听听录音，语文名著再看看，集错本抓紧完成。

家长8：我们家的情况可能还不太一样，每次我检查他的家校联系本，都特别不放心，因为他会选择性地抄不想写的作业。第二天老师会给我发消息，说还有哪一项没完成。

家长9：我儿子做事没有计划性，也丢三落四。笔记记的东一块西一块，知识点的归纳总结没有方法，特别是复习的时候，感觉一片混乱。我想让他做事之前先制订计划，但是他总是不能按照计划执行。

师：我将各位家长提出的困惑都一一写在了黑板上，并进行分类，发现基本都可以归入耗时长、效率低、无章法、缺意愿这四大块。大家交流完之后，发现各自的困惑并不是唯一的，甚至还有很多共性，这样我们的家长就可以先舒一口气，各位不是一个人在战斗。（众人笑）

首先我们来明确学习习惯的概念，学习习惯是指学习过程中，经过反复练习形成的并发展成为一种个体需要的自动化学习行为方式。刚才交流的困惑是否都可以通过反复的训练来纠正，成为孩子内化的良好学习习惯，是我们今天交流的重点。

3. 好习惯是王道

师：首先看两个真实的案例。第一个案例是于同学的故事。

于同学 2014 年 9 月入学，在 9 月的第一次全市质量监测中，他的成绩位于年级中上水平。进入八年级，在 2015 年 10 月的期中考试中，他的成绩处于年级中游的状态。到了 2016 年初三上学期的时候，他的成绩到了年级中下游的水平。2017 年 6 月苏州市初中毕业暨升学考试成绩揭晓，他勉强去了一所四星级①高中校。如果用一些词语来形容于同学，一方面是聪明、帅气、善良、高情商，有突出的艺体才能，他能非常娴熟地演奏钢琴，还能代表我们学校在市运会上摘金夺银；另一方面是贪玩、懒散、邋遢、目标模糊，与黑板上的某些条目比较吻合。这些不良的学习习惯最终导致他没有完全将自己的能力发挥出来，中考成绩不理想。从于同学的班主任和任课老师那边反馈的情况来看，老师们普遍认为于同学的思维是很敏捷的，但就是缺乏良好的学习习惯。我们希望于同学的遗憾不再被重演，所以我们就要做好初一刚起步时的习惯养成。

案例二是陆同学的故事。

陆同学和于同学一届，刚入学时他的成绩比于同学略逊一筹。一年后，在 2015 年 10 月的期中考试中，他的成绩小有进步，从年级中游升到年级中上的水平。到了 2016 年 10 月，他有了一次飞越，成绩从年级中上游一跃到了年级前列。当年参加苏州市初中毕业暨升学考试，他顺利进入了重点四星级高中校。

两个入学成绩在同一水平的孩子，陆同学的奇迹是怎么发生的？我一直在思考这个问题，并进行了一下梳理。陆同学是班级的劳动委员，每天第一个到班级后，开始自主学习，课间的时候，他会主动去找老师解决

① 普通高中星级评估是江苏省评估院对普通高级中学（完全中学）实施的一种等级鉴定。2003 年 7 月起，在全省范围内不再验收省重点中学，实施普通高中星级评估，最高为四星级。

学习困惑，积极与其他同学讨论解题思路。每天晚上放学他是最后一个走的，在检查卫生前，他就安静地在自己的座位上完成当天的作业。如果检查下来有小瑕疵或者值日同学赶时间，他就主动帮助，是任劳任怨、默默苦干的"老黄牛"。陆同学的成绩一开始只是中游，是他良好的学习习惯让奇迹发生了，但奇迹不是一天发生的，也不是一年发生的，三年内他在慢慢进步，尤其是在第三年，他的成绩有了飞跃。

初三最后的冲刺阶段，陆同学的妈妈申请来送爱心下午茶，给全班同学鼓励和寄语。陆同学坐在第一排，他妈妈在寄语时就深情地凝望着自己的孩子，我现在还记得她的一句话："不管你遇到什么艰难困苦，我永远都在你的身后。"后来我单独向陆妈妈讨教培养心得，陆妈妈说："这些习惯我从小就让他养成了，到了初中阶段，我给他的只有陪伴。"有时候家长会抱怨，花了很多心血帮助孩子，却看不见效果！已经坚持了一个月，已经坚持了一个学期，为什么在孩子身上看不到明显的变化呢？从陆同学的故事中，可以得到启示：我们可能缺乏的就是黎明前的那一点点坚持，再坚持一会儿，量变就飞跃到质变了。

在分析刚才两个案例的时候，我看到这位家长频频点头，你有什么感受或者启发需要跟大家交流一下？

家长 10：我觉得习惯真的很重要，有一个良好的习惯，在任何学习阶段都能很好地应对。

师：是的，良好的学习习惯是成功的必要保障，以上两个案例告诉我们习惯的重要性，接下来我们来看一看，良好的学习习惯有哪些。

（1）树立目标，制订计划

首先想问家长朋友们，你们的孩子都有理想高中的目标了吗？孩子们知道要考上目标高中，需要各学科达到怎样的分数吗？孩子们目前的各科学业水平还可以有哪些提升的空间？如果孩子不知道这三个问题，您对这三个问题，心中有数吗？

孟子说："行有不得，反求诸己。"意思就是"我是一切的根源"。如果您有明确答案的话，您的孩子在初中阶段也一定是有目标有计划的。反之，如果在座的各位还不太清楚以上问题的答案，那我们也不能要求孩子更多。毕竟他们的身心都还不成熟，对自己的前途正处于迷茫期，需要家长帮助他们一起来寻找、树立目标，制订切实可行的计划。

每年初三填报中考志愿时，我都会听到其他班主任频繁使用一个词，那就是"好高骛远"。打个比方，就是目前我口袋里只有20块钱，却看中了50块钱的东西。孩子分数不够，但是非要填优秀的高中。向上的心情是可以理解的，但我们也要尊重现实。因此填报志愿的时候，家庭冲突也比较多，不少家长异常苦恼，会把怨气撒在孩子身上。而孩子本身也有压力，心情也不好。所以我们一定要从现在开始为孩子"储蓄"，先要去了解"50块钱的东西"是什么，然后家长和孩子一起来筹谋怎么才能"买到"这个东西。

（2）专时专用，讲求效率

孩子是否有专门的作业时间，还是他的作业时间和吃零食时间、听音乐时间、看课外书时间等是混杂的？家长是否跟孩子约定过，在规定的时间内只允许坐在书桌前写作业，中途不能起来吃水果、上厕所或者溜达？在规划时间内做规划好的事就是专时专用。在专用时段里，还要讲求效率，要完成规定量的任务。现实情况往往是，九点半，家长开始催："快点！"十点半，家长开始吼："还要不要睡觉！"时间越晚，家长和孩子就越容易产生摩擦。其实晚饭后孩子开始学习时，家长就可以督促、管理了，要注重孩子写作业整个过程的管理和调控，及早规划时间，明确任务，督促到位，不要等到时间流走了再来催促。

（3）独立思考，善于钻研

独立思考，这一点在现今尤为困难，因为有了互联网，孩子可以从太多的渠道获取答案。在写作业的时候，孩子是否有下列情形：上网查阅答案、打电话给同学或请辅导老师帮忙？我看到很多家长无奈地笑了。有家长跟我反映："现在的题目很难，我们辅导不了，只能让孩子去查作业帮，去问同学，去找老师。"也有家长问："我把孩子送到教育机构，让老师给他讲知识点，可行吗？"这个方案需要家长前期仔细甄别。有的辅导老师不错，给孩子讲思路，有的辅导老师则直接给答案。后者往往会产生一个假象，孩子的作业都对，但考试全不会，这是值得家长警惕的。考试的时候，孩子只能从自己的头脑里调用知识，平时的思维训练这时候就发挥了作用。事实证明，用前面所说的方法孩子很容易获取答案，但很难真正掌握知识，尤其缺少自己的思考、钻研，因此我们需要培养孩子独立思考的习惯。

（4）把握步骤，环环相扣

第一步，写作业之前对本学科当天的学习内容进行复习；第二步，写完作业之后，自己检查；第三步，检查结束后，再把当天的内容浏览一遍，还没弄明白的地方做好标注，明天去问老师；最后一步，把明天要上课的内容，预习一遍，不明白的做记号，重点听讲。学习步骤是一个闭合的环，如果脱节了，整个学习过程就举步维艰。举个例子，回家写英语作业，先不复习当天的学习内容，碰到写单词的题，英语书打开照抄，这样的作业效果可想而知。如果先把当天所学的单词复习一遍，合上书本再写，这样的作业就是有实效的，是我们一直强调的把平时作业当成考试来对待。四个学习的环节，看似很简单，但要坚持的话，也不容易。

4. 细节成就好习惯

师：刚才提到的学习中的好习惯是需要落实到每一天的细节中，需要家长和孩子统一思想，明确分工后开始行动。孩子执行，父母监督，这样久而久之就能培养起良好的学习习惯。

（1）一起找一个合适的学习场地

很多家庭给孩子一个单独的房间，配备了书桌、书架等学习物品，创造了一个非常安静、独立的学习空间。但也请我们的家长注意：青春期的孩子有"闭锁性"的心理特点，他们喜欢一回家就关上门，待在自己的房间里，家长很难走进他们的房间，也不知道他们在里面做什么。有的家长不放心，也会通过送牛奶、送水果的方式进去"侦查"。但我们的脚步声已经提前给孩子一个信号，他们做出了埋头苦干、认真学习的样子，从回家到深夜，一直在学习，家长没有理由唠叨了吧！可事实呢？也许在我们看不见的时候他们并不是总在学习。所以适合学习的场所，不需要很大，但最好没有干扰且不是全封闭的场所。

（2）共同商定一个合理的学习时段

这就是我们刚刚说过的，专时专用，讲求效率，在这里我就不赘述了。

（3）坦诚沟通彼此对于考试的态度

这是我们比较容易忽略的。有些家长考试之前基本不闻不问，考完结束只问成绩。成绩好，一顿猛夸；成绩不好，一顿打骂。这一点是孩子最为反感的，他们会认为家长只在乎成绩不在乎自己。所以，作为家长也要端正对考试的态度。

家长首先要了解考试，能够流利地报出孩子中考的科目，每个科目的满分是多少，总分的满分以及当年中考政策新变化等。

其次，对于孩子期中、期末考试的时间，考试的科目等信息也要了解。现在就是"拼爹拼妈"的时代，你对孩子的学习情况有多了解，某种程度上决定了他能考出怎样的成绩。

最后，正确对待成绩。有的家长和孩子都怕考试，怕知道考试成绩，家长怕老师联系，孩子怕家里打骂。其实成绩就是一个数据，我们要客观看待，理性分析，剖析数据背后的原因，寻找解决问题的方法。我觉得每一次考试就是对孩子一个阶段学习状态的反馈，通过每一次反馈，家长和孩子能直观了解阶段学习的状态，根据前一阶段的学习状态调整下一阶段的学习，稳步提升成绩。

（4）督促孩子建立随手规整的意识

生活习惯和学习习惯有紧密的联系。请家长回忆下，您的孩子有没有请您给他送过忘记带的作业、落在家里的学习用品等。如果您经常给他送东西，那孩子在学习上很有可能缺乏规划，粗心大意，思维逻辑性较差。这就需要家长们在生活的细节中，不断帮助孩子建立随手规整的意识，学会自我规划、安排，让万事都有章可循。

5. 学以致用

师：接下来我们尝试运用刚才所学知识，结合案例情景，请几位家长志愿者进行模拟表演，向大家展示一下自己的管理智慧。

情景一：孩子的时间管理非常糟糕，效率低下，重度拖延，每天都疲于应付。今天晚上写作业，眼看又到了十二点，作为妈妈，你准备如何介入？（两位志愿者分别扮演妈妈与儿子）

儿子：妈妈，我好困。

妈妈（温柔地）：要不就先睡觉吧。

儿子：作业还没写完。

妈妈（翻看作业本）：没写完吗？还有哪几项？

儿子：语文还有一点，数学这一道题我也不会做。

妈妈：那是还有几项没做好呢？

儿子：大概还有三四项吧。

妈妈：三项还是四项，妈妈跟你一起看一下，好吗？

儿子：我觉得压力好大，可能还有三项。

妈妈（拍拍孩子肩膀）：没关系，宝贝，让我来帮助你一起看下哪三项，大概要多长时间。

儿子：这道题我不会做，能不能用你的手机查一下？

妈妈：老师不建议我们用手机查答案呢。那我们先来看下面两项是什么，好吧？

儿子：还要写一个阅读理解，我现在头有点晕。

妈妈：妈妈帮你揉一揉。如果头不晕的话要写多久？

儿子：头不晕的话，我估计十五到二十分钟可以做好。

妈妈：好的，那第三项呢？

儿子：是英语自默，今天有这么多自默，要背出来，我不能睡觉了。

妈妈（作关心状）：不睡觉明天上学怎么办，会没有精神的。

儿子： 现在睡觉，作业做不完，明天上学我肯定也没精神。

妈妈： 对的，那我们俩一起来想想办法，好吗？

儿子： 怎么办呢？

妈妈： 我们商量一下。第一，再坚持一会，妈妈陪你，把剩下的作业完成；第二，现在睡觉，明天早上四点半起来再做。你说呢？

儿子： 那我先睡觉吧。

妈妈： 好的，明天早上我叫你，但是有一点，如果你明早写不完，到时不能闹情绪哦。

儿子： 妈妈，那你陪着我再坚持一下吧！

妈妈： 好，我们俩一起坚持一会儿吧！

师： 好的，非常感谢两位家长志愿者的演绎，谢谢！请妈妈表演者来分享一下，你的演绎如此到位，肯定是来源于生活中丰富的实践经验吧？

志愿者： 对，我的孩子在小学阶段表现还不错，进入初中之后，我发现他在学习上力不从心的感觉渐渐明显起来。孩子有时跟我交流，同样多的作业，看到别的孩子很快就能写完，可是他要写很久，而且越写越慢。我分析他有点自信心不足。以前我会跟他说，你不会列计划。现在我会耐心地问他有几项，然后一项一项来帮他分解，尝试解决问题。听了今天的家长课，我发现还有学习空间的问题。以前我让他在自己的房间，免得别人干扰。现在我反思，别人不干扰，他自己也会开小差，所以以后我会安排他到公共区域来写作业。

师： 非常感谢家长的细致剖析。

首先，她跟孩子的交流，温柔但非常坚定，用孩子无法回避的问题，打破砂锅问到底。其次，当孩子遇到作业写不完的困难时，妈妈说"我们俩一起来想想办法好吗"，这就是共情，妈妈没有指责，而是非常了解孩子的苦。妈妈让孩子自己说，完成一项需要多久，综合一下给孩子一个选择：是明天早上完成，还是今天我陪着你完成。这是一个很好的温柔的坚持的案例，再次给你掌声！虽然我们不提倡早上起来写作业，但是偶尔为之也可以让孩子知道，完成作业是承担学习的责任，不能推卸。孩子心里有谱之后，就不会再出现拖欠作业的情况。这位家长，有明确的提问，有共情的帮助，最后还有温柔的坚持，其他家长也可以回去试一下。

面对类似的情景，为了培养孩子的好习惯，我们需要注意以下几点：

（1）平等相待

晚上孩子写作业的时候，妈妈追剧爸爸打游戏，却还不停地催孩子写作业，孩子心里不平衡啊！家庭教育中身教重于言教。如果爸妈也在阅读或专心完成一些事情，再对孩子说：你上学一天很辛苦，我们上班一天也很辛苦，但我们一起努力做好自己的事！这时孩子心理就平衡了，孩子对家长的要求也不那么抵触了。

（2）以柔克刚

因为提倡赏识教育，所以现在的孩子普遍存在挫折教育不够的情况。长期只能听好话的结果就是孩子不能客观认识自己，有时会盲目自信。如果父母指出孩子的问题，稍加批评，他们就会排斥、反对，甚至过度反应。所以，家长们在与孩子沟通时要有方法，态度要温柔，立场要坚定，要以柔克刚。

（3）坚持

我深知家长非常不容易，白天工作很辛苦，回家还要与孩子"斗智斗勇"。有的家长天天"陪读"到深夜，第二天还要早起，为全家准备早餐。因此，最先熬不住的很有可能是家长。此外，家长坚持了一段时间觉得收效甚微，自己可能就先打了退堂鼓。今天我们上课之前的体验活动就是想让大家明白一个道理。孩子的改变要从我们家长改变开始，我们学会坚持，孩子才能坚持。养成好的学习习惯是需要一定的时间的，所以，我们不能轻易放弃，坚持就是胜利。

（4）恰当沟通

我也是个妈妈，教育孩子时有时候我会说："你看，把地上弄得一塌糊涂，上次也是这样。我跟你说过多少次了，你就是不听……"这个场景是不是挺熟悉的？我也常反思，我们这样的表达更多是在抱怨或是宣泄自己的情绪，有时还拉扯出陈芝麻烂谷子的事，却没有给孩子具体可以执行的指令。面对家长的一通唠叨，孩子既没听到重点，又收到了负面情绪，行为改变就不太可能发生。所以，不妨跟孩子说："宝贝，来把玩具整理好，这样走路不容易绊倒哦！"

情景二：孩子脾气比较倔强，在家写作业时非要戴耳机，还说不戴耳机就没办法写作业，怎么劝都没用。请大家来帮忙支个招。

家长11：学习了今天的家长课，我会和孩子先有个约定。比如他想玩的话，我会说如果你一个小时做完，可以去玩一会儿，做完作业你可以做一些自己喜欢做的事情。我可能让他玩个半小时或者一个小时，但之前他必须把该做的事情做完。

家长12：这位家长说的方法我也用过，但这里有一个问题，打个比方，如果第一年员工年薪十万，第二年老板不给涨工资，第三年还是原地踏步，员工就不满足了。同样，孩子做完了作业，让他玩半个小时，可是次数多了，就远不是半小时能满足他了，所以这个方法我也是偶尔为之，不常用，常用的话就失去了刺激性。

家长13：我会说：今天周三不可以，明天还要上学。周五，我允许你边听音乐边写作业，可以吗？

家长14：这是一个好方法，既不会当场激化和孩子的矛盾，也给了孩子一个希望。然后周五相对来说把影响降到了最小，我学到了一招，谢谢！

家长15：一边写作业一边听音乐不太好。先听五分钟，听完再去写作业，怎么样？

家长16：刚才那位家长说的很符合老师说的专时专用的原则。我觉得这是一个非常好的方法，回去也要试试。

师：刚才我认真听取了大家的积极发言，想给大家一个回应：脑科学认为多任务并行，比如边听音乐边写作业，一定会降低学习效率，况且考试的时候是不可能听音乐的，所以还是要说服孩子写作业时不听音乐。今天各位家长的分享都很好，回家可以把这些方法都试试，因为每个孩子都是一个独特的生命体，没有最好的方法，只有最适合自己孩子的方法。

情景三：今天，班主任给家长发了一张孩子在校的课桌照片，照片中孩子的课桌一片混乱。现在孩子放学回来了，你怎么跟他沟通。

（现场三位志愿者分别扮演父亲、母亲和孩子）

母亲：今天我们来开一个家庭会议，每个家庭成员对这阶段的工作、学习和生活进行一下梳理，怎样？

孩子：好啊！

父亲：同意！

母亲：那我先来汇报。我最近在干家务的时候，效率有点低。

孩子：哈哈，妈妈也会动作慢呀！

母亲：是的，因为最近大房间比较乱。

孩子：肯定是老爸乱扔臭袜子！

父亲：呵呵……

母亲（对着孩子）：对，知父莫若子！（对着父亲）请尊重一下我的劳动，好吗？

父亲：抱歉，下次一定注意！

母亲：如果大家的东西都能放得整整齐齐的，我收拾起来就会轻松很多。宝贝，你的房间是自己收拾的，你最有体会，对不对？

孩子：是啊，你们都让我自己收拾的，我可累了！

父亲：我看你未必能收拾干净！

母亲：谁说的！最近几天功课比较多，我们不打扰他。这样，周六就让我们去参观你的房间，羞羞你老爸的脸，好不好？

孩子：没问题！

师：谢谢三位家长的表演，我觉得这位母亲非常有智慧，没有直接指责孩子，而是通过一个家庭会议，"声东击西"，让孩子自觉去规整自己的物品，最后还利用爸爸充分调动孩子的积极性，既解决了问题，又避免了冲突。

有一个俗语"勤快妈生懒儿子"，面对懒散的孩子，我们勤劳的家长能否适当示弱一下？你可以说："我最近好累，没有空帮你收拾，你能不能自己去收拾一下？"家长有时要懂得以退为进，把事情的主动权、责任赋予孩子，放手让孩子去做事情，让他学习承担责任。有的家长管理比较粗放，认为孩子已经进入初中，这种小事情不用管了。事实证明，骤然完全脱离了父母的监督，孩子并不能建立起良好的自律习惯。家长应该教给孩子可操作的方法，提出具体的要求，不一定需要全程监督，你可以说："二十分钟之后，我可不可以来看一看你的房间有没有变样了？"包办和放任是两个极端，都需要去改变。

6. 朋辈互助

师：我们的家长课已经接近了尾声，剩下的时间留给家长们进行个别问题的答疑解惑。我们更欢迎答疑部分让大家一起讨论解决，人多智慧也多。

家长 17：孩子碰到了难题，又规定了作业时间，规定的时间不够，怎么办？

家长 18：我们通过 APP 学习软件了解这道难题的解题思路，之后再跟孩子一起探讨，这样如何？

家长 19：对第一个问题，我的看法是：第一，给出合理的作业时间。我们先问问老师，了解完成作业班级平均用多少时间，如果班级平均用 40 分钟，我们可以多给自己的孩子 10 ～ 15 分钟。第二，给孩子信心。考试的时候大家的时间都一样，每次考试都能做完，那作业也没有问题。

师：第二个问题也是非常普遍的。家庭作业是对今天所学内容的巩固，老师希望孩子能触类旁通，学会做某一类题目。所以如果孩子不会做，也没关系，但要把思考的痕迹写下来，第二天请老师根据孩子的思路继续引导，这样也更有针对性。家长来辅导孩子解题是否可行，这需要具体问题具体分析了。需要跟任课老师沟通，由任课老师判断家长的解题方法是否适合初中学生。

家长 20：马上就要放暑假了，不知道该怎么去管理孩子。

家长 21（举手抢答）：我来说一下。我平时比较注重跟孩子的互动，工作忙的时候也尽量抽空跟孩子视频，既让他看见我在外面工作的辛苦奔忙，又让他感受到我对他的关心，孩子其实可以理解我们。暑假我无法现场监管，就让他在家写作业，要求他做完后拍个照用微信发给我。或者我会提要求，比如 10 点之前需要完成哪些作业，在 10 点时我跟他视频通话，看一下作业进度。

师：我认为在暑假之前家长与孩子要共同制订暑假的作息表，然后细化每天的活动安排。要有检查，有及时反馈，还要有鼓励，这样会促进孩子更好地进行自我管理。刚才家长提到的"云监管"，也就是利用高科技来进行沟通交流，帮助孩子提高学习效率。我要为他的做法点赞！

管理的效益不是一蹴而就，而是一天一天积累的，如果中间出现管理空档，那品质控制就会出问题。希望今天的家长课帮助大家领悟到更多方法和技巧，从而对孩子的学习进行有效管理，促进孩子在假期养成良好的习惯，形成良性循环。

好，今天的家长课就到此结束了，再次感谢大家的积极参与！

第 5 课　帮孩子学做时间的主人

授课人：费佳思

对象：初一年级家长

背景分析

　　人的一生如果去掉睡眠、娱乐、休息、生病等，有效的学习和工作时间其实很短。一个人要想攀登事业的高峰，就要学会有效管理时间；一个学生要想取得最大成功，也需要学会管理时间。其实，时间管理的对象不是"时间"本身，而是每一个"使用时间"的人，其本质就是人对时间的"自我管理"。当前，很多中学生在时间的自我管理方面存在问题，具体表现为以下几个方面：

　　首先是缺乏时间管理的目标和计划。有些孩子看上去很忙，但是不知道该忙什么和怎么去忙。因为缺乏计划，他们常常把事情都搅到一起最终弄得一团糟，忙了半天却收效甚微。部分孩子每天只是在被动地完成学校和老师布置的学习任务，缺乏明确的学习目标和计划，不会合理地安排学习任务，不会科学地分配学习时间，学习也就长期处于缺乏规划的随意状态，像无头苍蝇到处乱撞。

　　其次是缺乏时间管理的方法和习惯。有些孩子能够意识到时间的重要性，想要提高自己的学习效率，也想在老师安排的课业之外，根据自身的情况科学合理地分配时间资源，但是他们缺乏适当的方法指导，也没有养成良好的时间管理习惯。习惯是一种无痕的力量，即便有些孩子掌握了一些时间管理的方法但是没有坚持执行，也不利于他们有效地管理时间。

最后是缺乏时间管理的自律和毅力。有些孩子深知时间管理的重要性，还为自己设置了具体的学习目标和计划。他们能够觉察自己是否有效地利用了时间，但是由于缺乏自律和毅力，明知不应该拖延却难以自制。现实中，我们经常看到很多孩子在刚开始做某件事时表现得热情十足，但是时间一长，劲头就会越来越小，甚至有的孩子会半途而废。

因此，本节家长课将带领家长根据青春期孩子的身心发展特点，尝试在家庭教育中帮助孩子建立时间管理的自我意识，将时间管理方法传授给孩子，并通过言传身教增强孩子时间管理的毅力，帮孩子学做时间的主人。

授课目标

（1）帮助家长提升孩子时间管理的意识。

（2）帮助家长将科学的时间管理方法传授给孩子。

（3）帮助家长培养孩子时间管理的毅力，将时间观念植入孩子心中。

课例实录

师：今天的家长课与以往的形式不同，我们以沙龙的形式围坐在一起讨论今天的话题。活动正式开始前，我们做如下约定：

• 做一个爱表达的家长，希望大家乐于分享自己的内心感受和真实想法。

• 做一个爱倾听的伙伴，希望大家互相尊重，求同存异，营造良好的发言环境。

• 做一个爱思考的队友，期待大家理性思考，多维度地展开分析和讨论。

• 如果大家认同以上约定，让我们用集体鼓掌的方式通过。（众人鼓掌）

1. 众说拖延的现象

师：今天我们的话题是时间管理，首先通过一个视频，来了解在时间管理过程当中我们可能都会碰到的问题。

视频解说词：

A：其实之前我的时间观念很差，但是我坐飞机从来没有误过机，因为我会把最晚出发的时间再提前一个小时。

B：给自己留出充足的拖延时间。

A：比如我为了避免误机最晚要7点必须出发，那我就会改成6点必须出发。

B：就是把时间提前一个小时。这就跟有些节目组一样，因为担心节目组成员迟到，经常采用将通知时间提前一小时的做法，确保原定时间可以正常拍摄。

C：就是把时间往前提一点。

B：但是很多时候就是因为有拖延症，所以会不断暗示自己再晚一会儿也没事。因为我们拖延的事往往都是自己不太愿意做的事，比如交论文、写作业等，而不是去听演唱会或看电影。

C：我们常常这样暗示自己"我要抓紧时间写完作业才能去看电影"。

B：我用这种办法鼓励过自己很多次，每次电影都看完了但是作业仍旧没写。

C：很多时候你就会说，还是别做了。

B：谁来总结一下，有什么办法真能治拖延症吗？

D：我们想要克服拖延症难的不是坚持，难的是开始。你可能会为自己找各种理由，但是你需要有一个契机来刺激自己。

B：我认为你说到了点子上，果然是这方面的专家。难的不是坚持，而是开始。万事开头难！我们总用起床问题作比喻，起床的关键就那一下，就是一咬牙一跺脚的事，但关键就是什么时候下决心。所以拖延症说它是病不是病，但是关键时刻拖延症真是误事。

师：通过这个视频，我们能够感受到拖延是一个比较麻烦的问题。在座的各位家长，你们会拖延吗？我们用掌声的高低代表拖延程度的不同，你会给出怎样的掌声？（全场掌声雷动）很明显，这雷鸣般的掌声告诉我们，我们每个人可能都会有一些拖延的情况，当然不排除有非常自律的家长朋友。作为成人，作为父母，我们会拖延，下面请用你的掌声表示你眼中孩子的拖延情况。（掌声比前一次更响亮）我看到好几个家长手掌都拍红了，想必你们一定是认为孩子的拖延情况比较严重。我先为在场的各位家长点赞，你们愿意为孩子的时间管理问题来到我们的家长课堂，更能够为孩子的成长不断学习、思考和改变，我认为这就是最好的家庭教育，这就是最好的榜样示范。

2. 直面时间管理的问题

师："不忘初心，方得始终"，今天各位家长来到家长课堂学习的初心是什么？你想要得到的学习收获是什么？

家长1：我一直在思考一个问题，那便是我的孩子在下学期的学习时间应该如何安排？因为孩子在七年级上学期时，总是觉得时间少，做作业很辛苦。因此我的初心就是想了解提高他的作业效率的方法。

家长2：我希望孩子能够更好地管理时间，能够节省出更多自由安排的阅读时间。因为我一直觉得其实作业内容并不多，但是由于孩子的磨蹭浪费了很多时间，这就不能保证每天充分的阅读时间。所以我希望能有好的方法来改变他的磨蹭。

家长3：我家孩子的时间管理能力是比较欠缺的，其实我们父母也经常在想办法催促孩子。比如做作业时我会跟他约定好每门作业的时间，但是实际上当孩子开始做作业后，他常常会因为走神而浪费时间，导致无法在约定时间内完成。所以我今天来家长课堂学习，希望能知道其他家长朋友是否也有同样的困惑，然后又是如何做的。

家长4： 我希望孩子能够有充足的睡眠，因为他学习效率低，作业时间长，所以我希望今天能够学到好的方法，今后能更好地督促孩子自觉地管理时间。

师： 感谢各位家长的分享，大家的想法都很相似，主要问题都集中在作业时间。你可能觉得孩子作业时间管理不好，但其实孩子的时间管理并非只局限在作业方面。如果他在做其他事情的时候能够把时间管理得很好，只是在作业时间这一项不能够做得很好，我们不能把他的时间管理就定性为很糟糕，而是要去思考他为什么不愿意很高效地做作业？

从各位家长的分享中，我知道家长们都想得到帮助孩子高效利用时间和节约时间的方法，彻底解决他们的拖延问题。在《拖延心理学》这本书中有这样一个观点，"拖延从根本上来说并不是一个时间管理的问题，也不是一个道德问题，而是一个复杂的心理问题"，所以要真正解决这个难题，其实不是一两个方法就一定能成功的。有时候我们自己也会拖延，为什么会拖延？简单来说就是我不想做、不喜欢做这件事情，如果这件事情我愿意做我喜欢做，我一定会非常主动地去做，这其实是非常重要的一个心理因素。

3. 剖析拖延的根源

师： 孩子们为什么会拖延？因为人都是喜欢及时行乐的。曾经有过这样一项研究。

一批大学生被分成三个班，分别给这三个班的大学生布置写论文的作业，但三个班论文作业的要求是完全不同的。A班的要求是在三周的最后一天交齐三篇论文；B班的要求是每个学生自己安排上交的时间，然后按照自己安排好的时间上交三篇论文；C班的要求是自己安排每周上交的时间，然后按照每周安排好的时间上交论文，每个周末前必须上交一篇论文。

师： 我想大家都能猜到哪个班上交作业的情况最好。

家长（齐）：肯定是 C 班。

师：C 班的论文上交情况是最好的，那这背后是什么在起作用呢？

家长 5：我认为是过程监管，将大的目标分成小的目标，阶段性的上交论文，这起到了很好的过程监管作用。

家长 6：我认为是论文要求的细致具体，每周确定一个时间，每周上交一次，详细的要求会形成较大的约束，让拖延无机可乘。

家长 7：我认为是设置的截止时间在起作用，每周可以自己选择时间，但是每周都有截止时间，因此既拥有自由选择的权利，又存在必须完成的义务。

师：几位家长的分析都非常清晰，从这些分享中我也听到了一个共性的回答，那就是"截止时间"，就是必须要上交论文的最后时间。我想请问家长，当你担心孩子睡眠时间不足时，你是否给孩子确定了一个每天完成作业的截止时间？不能因为孩子一味的拖延而影响了他的睡眠时间。七年级的学习压力以及作业量相对较少，如果在起步阶段都不能很好地保证睡眠时间，当你的孩子到了更高的年级，他的睡眠时间将更难保证。因此建议这方面有困扰的家长今天回去就可以与你的孩子做一个约定，约定他完成作业的截止时间。如果能分解一下各科的截止时间则会更好。

截止时间也会衍生出另一个问题，那就是超过截止时间的代价。如果截止时间可以不断被挑战，并且没有相应的代价，这样的截止时间是毫无意义的。所以这个时间节点需要我们跟孩子平等协商确定，商定之后我们也要跟孩子一起约定好超过截止时间所要付出的代价。让孩子知道当浪费时间或者拖延时，他需要自己承担责任，这是非常重要的一点。很多时候家长不断地去催促，其实这样的不断催促是在为孩子浪费时间买单，孩子根本没有明白拖延的代价，或者很多时候由于家长的催促帮助孩子避免了拖延的代价。

比如，很多学生早上迟到的问题。冬日的早晨，孩子在家里不愿意起床，父母不断催促，亲子间展开多轮"战斗"后孩子勉强被父母带出了家。此时很多家长就会加快车速尽可能快地赶到学校，如释重负般的将孩子送进校门，内心虽然有抱怨但更多的是庆幸没有迟到。其实家长这样做既不安全又没有教育意义，原本因为孩子拖延而导致迟到的代价就被家长的急忙催促和加速赶时间给抵消了。当遇到孩子拖延的时候，不妨试试改催促为"同步拖延"，最后让他知道拖延的后果是什么。让浪费时间的行为付出代价，这样才会帮助孩子更清楚地意识到时间管理的重要性。

4. 寻找时间管理的策略

师： 我们做个体验活动：第一步是小组成员间相互自我介绍，介绍的内容需要包括自己的姓名、孩子的姓名以及孩子所在的班级。第二步是夸赞你们小组的每一位伙伴，可以从五官、发型、服装和配饰等你所看到的任何一个亮点切入去夸赞。接下来的时间交给大家，希望大家都能够融入每个小组，快速、准确地认识同组小伙伴，毫不吝啬地给出你的夸赞。

（家长分小组活动）

师： 在刚才的体验活动环节，我看到小伙伴的脸上都露出了不同的笑容。各位家长，你能准确叫出你们小组内每个小伙伴的名字吗？（一部分家长点头）那你还记得每个小伙伴的孩子的姓名以及所属班级吗？（家长摇头）很明显，很多家长忘记了。现在你还记得刚才你收到的夸赞吗？（家长用力点头）刚刚你听了这么多家长的介绍，但是别人夸你的内容记得最牢。

所以家长与其每天跟孩子说："快点！快点！"不断地催促，不如真诚地鼓励他，夸赞他的微小进步、偶尔的自觉与高效。这样的赞美和鼓励，会让孩子感受到父母的认可。

我们知道孩子都是争强好胜的，所以及时赏罚就是一种有效的激励方式，特别是"以即时因果为赏罚结果"。孩子年龄越小，即时性越重要。如果做一件事的好处和坏处都在未来，那激励作用就很弱。如果你跟孩子说，你快点写作业，长大了就能找好工作，那基本上等于没用。如果你说，快点写作业，年底就给你买礼物，这可能只有一点作用。有看得见的好处，奖励的效果才会好。

那孩子快点写作业有什么好处呢？在我们看来，最大的好处在于赢得时间。可是这对于孩子来说并不是他想要的好处。如果快速完成作业一点儿好处都没有，那他为什么不懒洋洋地磨洋工？懒多舒服啊。（家长大笑）"快"的一大好处就是赢得时间，孩子赢得时间想做什么呢？当然是做自己最喜欢的事情，比如看电视、看动漫、打游戏或者打篮球等，只有得到这样的好处，孩子才有"快"的动力。

很多家庭的激励机制中存在的缺陷就是孩子"赢得时间没有好结果"。父母想让孩子快点做作业，但是快点做完之后又给孩子更多额外的练习。那对于孩子来说，快点做作业得到的不是"好处"而是"坏处"，孩子自然没有"快"的动力。

下面我们再来看一个案例。

> 小乔打算晚上安心复习功课。他准备 7 点开始看书，但是晚饭吃得太多，他想要看电视消遣消遣。后来又去楼下打了会儿球，打完球后，出了一身汗，只好去冲洗一番。冲洗完后忽感睡意来袭，只得小睡片刻。睡醒后，感到有些饿，于是便去吃夜宵。本打算晚上复习功课的时间很快就这么过去了，在深夜 12 点时他才打开书本，但这时小乔的眼皮子已经不听使唤，只好缴械，上床睡觉。第二天早上小乔对老师说："我希望你再给我一次补考的机会，我真的很用功，为了这次考试，我昨晚 12 点还在看书！"

师：从这个案例可以看出小乔的做法有什么问题？从中大家能得到什么启发？

家长 8：他总是忘记他应该做的事情，另外他做事没有一个很明确的计划，一会儿做这个，一会儿做那个，显得非常的散漫。

家长 9：影响他学习的因素太多了，他不断地绕开他本该做的事情，所以学习一拖再拖。

家长 10：这个孩子太不专注了。大多数人在专注时会把事情完成得更快更好，所以尽量一次只做一件事情。可以设定一段时间，在该段时间内专心做一件事情。在这个过程中，如果大脑中冒出其他未尽事项或一些点子，不妨先写到纸上，继续专注做手头的事，直到做完后再找时间处理记录下来的那些事项。

家长 11：我给出的办法就是要制订计划去战胜混乱。孩子每天回家后可以先花两三分钟让他整理今天要完成的事项，按照一般的、重要的、紧急的次序进行排序，确定好哪些事情是今天必须完成的，同时设定时间节点。通过这种方法或许可以避免案例中的情况。

师：家长们对案例分析得很透，同时也分享了很多好的方法，主要是让孩子学会规划自己的任务，然后有序地执行计划。为了培养学生学习和作业的规划意识，我们经常会使用作业记录本或者家校联系本，如果用好这本手册，效果是很好的。班主任会去关注每一个孩子每项作业的时间、睡觉时间以及家长的留言。

我建议家长每天都在家校本上留言，留言内容主要是为孩子点赞。家长在家里发现孩子的亮点，同时将这些亮点写在家校本上，这样做，点赞的效果是翻倍的，孩子得到了家长的赞扬，家长的赞扬还能被老师看见，这就相当于老师也进行了一次赞扬，双重鼓励让孩子积极性大增。根据孩子的作业时间记录，当班主任发现某一项作业时间明显偏长时，老师会及时跟学生和家长沟通，寻找原因，这样及时又有针对性的分析便于学生调整自己的时间规划和管理。

如何培养孩子高效学习的习惯，如何让孩子学会做时间管理？我在这里跟大家分享一个方法——番茄工作法。这是一个有效摆脱拖延焦虑症的方法，特别适用于放假在家无人监管的孩子。它的设计其实很简单，我们要先确定好今天要做哪些事情，花 25 分钟去做其中一件事情然后休息 5 分钟。继续花 25 分钟做另一件事情，再休息 5 分钟，当两三个轮回之后进行比较长时间的休息。这个其实像学校里的课程安排，一节课 40 分钟，每个课间会有 10 分钟休息。这种方法能提高工作效率，还会有意想不到的成就感。

番茄工作法的第一步是明确要干什么，第二步设定 25 分钟的计时，要强调的是必须坚持做 25 分钟，这当中不能中断，如果中断就需要重新开始直到 25 分钟一个番茄钟完成，累计 3 ~ 5 个番茄钟可以得到一次长约 30 分钟左右的休息。简而言之，就是在规定的时间做规定的事情。完成作业时高度专注，休息时尽可能放松。

在这里我建议大家给孩子买一个计时器，在孩子做作业前设置好番茄时间，这其实有些像老师们说的"限时作业"，也更像孩子在考场上的考试时间。我们常常发现平时作业用时较长的孩子在考试中成绩起伏会更明显，其中最大的原因可能就在于日常作业没有限定完成时间，考试时时间控制不好。有了限定时间，孩子做作业时会有紧迫感，注意力会更集中，效率就会相对提高，同时也就能得到更多的休息时间，让大脑和身体得到放松。

刚刚我们侧重讨论了时间管理的两个策略：及时反馈与限时。下面讨论"时间四象限法。"

我身边很多同事的电脑屏幕都用了网上非常流行的分类壁纸，其实就是把电脑屏幕上的所有文件分为"立刻做""之后做""需重做"和"常用"这样四个板块。其实这种分类壁纸的想法来自美国管理学家科维提出的时间管理理论——时间四象限法。

这种方法把要完成的事情按照重要和紧急两个不同的程度进行了划分，可以分为四个象限：第一象限是重要又紧急的事；第二象限是重要但不紧急的事；第三象限是紧急但不重要的事；第四象限是不紧急也不重要的事。按处理顺序划分，先完成既紧急又重要的，接着是重要但不紧急的，再是紧急但不重要的，最后才是既不紧急也不重要的。

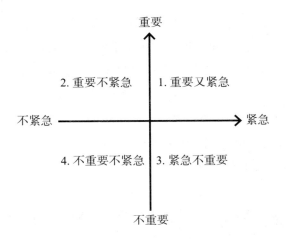

四象限法的关键在于第二和第三类的顺序问题，必须小心加以区分。另外，也要注意划分好第一和第三类事，都是紧急的，区别就在于前者能带来价值，实现某种重要目标，而后者不能。

运用四象限法，我们可以让孩子回家后对晚上的作业和其他事情做一个排序。比如背书困难的同学一定不能把这个事情留在所有作业的最后，大脑在疲劳状态下记忆会更慢。科学的作业顺序规划也会帮助孩子提高作业效率，节约作业的总时长。家长们不妨回去跟孩子一起来实践尝试下，可能会有意想不到的收获。

我分享了一些时间管理的方法，对许多人而言，目前这些只是停留在理论层面，需要把这个方法告诉孩子，让孩子去实践，并对自己的时间管理提出更有效的措施。当然也有一些家长说，我没有专业的理论，但是我有一些实操的方法，在具体实施中觉得很有效果，也欢迎跟我们分享。

家长 12：我认为远离自己的舒适区很关键。有时候我会让孩子在客厅餐桌上写作业，明显感觉比他在自己混乱的书桌上写作业要高效，所以要营造适合学习的氛围。建议各位家长回去后带着孩子一起整理书桌，删繁就简，只留下必要的学习物品。

家长 13：我自己制订计划时经常会遵循"二八原则"。人的精力和时间都是有限的，每天给自己安排的工作和学习任务很可能完成不了，所以我们要提前规划，优先完成重要的部分。有统计说，我们每天最重要的任务大约是 20%，这需要我们投入 80% 的时间。当时间紧急的时候，不要把所有时间平均化，一定要分清事情的轻重缓急，先完成最重要的部分。

家长 14：我还知道一种时间管理的方法，英文缩写为 GTD，就是 Getting things done，中文的意思就是把事情做完。其实就是列清单，然后执行清单，每天总结当天清单的完成情况，同时制作第二天的清单。

师：从这三位家长的分享中，我们再一次感受到了集体的智慧。第一位家长的分享告诉我们细节的重要性，这一点往往是很多家长都会忽视的，有时家长很难将时间管理与书桌整理联系起来。事实上有时候孩子的分心很可能就是因为书桌上的某一个小物件引发的。

第二位家长的分享让我想起了《高效能人士的七个习惯》这本书，作者史蒂芬·柯维提出的"重要事"和"紧急事"的差别是人们浪费时间的最大理由之一。因为人的惯性是先做最紧急的事，但是这样会导致一些重要的事被耽误。每个人都有许多"紧急事"和"重要事"，想把每件事都做到最好是不切实际的。建议大家把"必须做的事"和"尽量做的事"分开。必须做的事要做到最好，但尽量做的事尽力而为即可，懂得用良好的态度和宽广的胸怀接受那些暂时不能改变的事情，多关注那些你能够改变的事情。

第三位家长提到的 GTD 时间管理方法是由美国作家戴维·艾伦在《搞定》这本书中提出的。GTD 时间管理用一句话来说就是把你要做的事情记录下来，整理好并安排时间执行。GTD 时间管理的 5 个核心原则是：收集、整理、组织、回顾、执行。这种方法我在自己班级有过实践，我认为很有效果。每个孩子都清楚地知道每天他需要完成哪些任务，他们开始提高效率逐一完成任务。在此过程中会有同伴之间不断的对比，效率高的孩子会有成功感，效率低的孩子也被激发出斗志，无形中就形成了一种良性的竞争。

感谢各位家长朋友的分享和讨论，你们的分享和讨论也让我收获很多，下面我对今天的家长课做一个小结。用真诚的鼓励取代一遍又一遍的催促，让孩子在家庭中习得时间管理的观念。试着让浪费时间付出代价，让孩子知道浪费时间需要承担一定的后果，我们不要去为他承担责任。用制订计划的方式战胜混乱，尝试使用不同的时间管理方法，选择适合自己孩子的方法。最后让时间管理成为一种习惯，让这好习惯伴随着孩子。孩子的成长需要时间和等待，希望家长接纳孩子的个性特点，用赞美的方式去激励孩子，努力陪伴他一起成长。我们的沙龙活动到此结束，非常感谢家长的热情参与和积极配合，感谢大家！

第 *6* 课　培养更有效的学习者

授课人：洪春燕

对象：初二年级家长

背景分析

　　随着社会的发展和时代的变化，教育面临的挑战也越来越多。学生的学习压力普遍较大，同时多元的外部世界又不断地吸引着他们，所以我们不得不面对学生学习动机不强甚至会出现倦怠心理的现状。

　　采用华东师范大学周步成教授修订的学习动机诊断测试（MAAT）的一项研究对江苏省共计 4453 名初中生进行了问卷调查，并将学生学习动机的现状进行了整理与分析。他们得出的结论是：中学生的学习动机水平处在非常弱和非常强水平的人数所占比例不高，大部分学生的动机水平属于中等水平。多数孩子存在的问题是：学习的积极性不高、自我责任意识不强、对待学习的期望值不高、易产生考试焦虑感等。其实，学习动机是学习最关键也是最难测量的因素。努力学习的意愿是许多因素共同促成的结果，包括学生的个性、能力，也包括特定学习任务的特征、学习的诱因、情境、教师和家长等。

　　激发孩子的学习动机，让孩子学会主动学习是家庭教育的一个重要课题。联合国教科文组织提出：未来的文盲不是不识字的人，也不是识字很少的人，而是不会学习的人。随着科学技术的迅猛发展，人类已经进入了信息时代，新知识的巨增要求人们善于学习、终身不断地进行学习。这样我们的青少年才能不被社会所淘汰，同时也能肩负起历史赋予的重任。

　　家庭是社会的基本细胞，是孩子成长的港湾。《教育部关于加强家庭教育工作的指导意见》指出，中学生家长要培养孩子积极的学业态度。本节课旨在探究如何指导家长分析学习动机不足的多样化成因，激发、强化孩子的学习动机，促进学生的健康成长。

授课目标

　　（1）客观认识初中生的心理特点，探究其缺乏学习动机的主要成因。
　　（2）指导家长掌握激发学生学习动力的相关策略，并能在实践中运用。

课例实录

1. 体验激励

　　师： 欢迎大家来到这里，今天我跟大家聊的是有关孩子学习动机的话题，希望大家能够敞开心扉、积极讨论。首先，我想请大家把右手举起来并保持10秒钟。

　　（全体均完成）

　　师： 感谢家长们的积极配合，现在问题来了，请问大家为什么举手呢？

　　家长1： 因为是老师要我们这么做的。

　　家长2： 因为刚刚老师说了"请"。

　　师： 好，下面请大家站起来，并把椅子举起来。

　　（家长们相视而笑，但没人采取行动）

　　师： 如果我告诉大家，在椅子下有现金，大家会不会站起来并举起椅子看看？还没人行动吗？好吧，家长朋友们，有几张椅子下面确实有钱的。

　　（部分家长举起椅子并找到了纸币）

　　师： 再回到我们的问题，为什么第二次我请大家按照要求行动时，大家都没有立即行动呢？

家长 3：因为第二次老师请我们站起来还要举椅子，我觉得有点花力气，有点懒。

（众人笑）

家长 4：我觉得这个要求没有目的性，不知道为什么要这么做。

家长 5：我看到大家都没做，所以我也跟着没有做。

师：大家觉得我第二次提的要求比较费劲、没有目的性，所以就没有做。但后来大家都站起来查看了一下椅子下面是否有纸币，钱是否能激励你？

家长 6：钱是一个外在的激励因素，但更主要的是我想知道我的椅子下面会不会有，比较好奇。

家长 7：我也是好奇心被激发起来了，所以就站起来找了。

家长 8：我觉得这件事情挺有趣的，也想看一看自己的运气怎么样。

师：在刚刚的热身游戏中，同样一个指令，家长朋友们后来因为内在的兴趣或好奇心被激发起来而完成得很快。其实做任何事情都是这样，当兴趣被激发起来，发自内心想去做，想去找寻答案，那么完成这件事的动机会更强，孩子的学习动机亦是如此。学习动机就是指引起和维持学生进行学习活动的兴趣和动力，并且在学习的过程中能使他获得一定的满足与成就感。

说到孩子的兴趣，很多家长认为那就是爱玩、追明星、玩手机、打《王者荣耀》，就是不爱学习。大部分家长都觉得青春期的孩子特别难沟通，嘴皮子都磨破了，可是孩子依然我行我素。甚至我们还见到一些报道，说有些孩子产生了厌学情绪，大考之后撕书、烧书等等，这些都是实实在在困扰我们的问题。

我想套用托尔斯泰的那句名言，表达我对学生学习动机的看法："爱学习的学生都是相似的，不爱学习的学生各有各的问题。"那么，如何才能培养孩子成为有效的学习者呢？这节课我们便来进行一些探讨。

2. 我们为什么要学习

师：有一次我问班上学生，"为什么要学习？"不少孩子回答是"为老妈"，正如网上刷屏的那句"我爱学习，学习使我妈快乐！我妈快乐，全家快乐！"虽说是戏言，但为什么要学习，孩子真的明白吗？家长们都会跟孩子说竞争这么激烈，要好好学习，好好学习才能上好大学，毕了业才能有好工作，有好工作才能过上好日子。孩子问那什么算好日子呢？家长说大概是有房有车吧。孩子说现在就有房有车了。所以我们从来没有说清楚什么是好日子，好日子不仅仅在于物质上的丰富。

我们江浙沪地区有着相对优质的教育资源，也有着非常激烈的竞争压力，那么资源优势或竞争压力是不是会让学生有着较高的学习动机呢？我们来看看一组关于初中生学习动机调查的大数据。

（PPT展示）采用华东师范大学周步成教授修订的学习动机诊断测试（MAAT）的一项研究对4453名初中生进行问卷调查。结果显示，在成功动机上，有22.68%的学生处在非常弱或稍弱水平，仅有26.46%的学生处在非常强水平，其余52.92%的学生处在一般水平；在考试焦虑方面，仅有32.65%的学生促进紧张动机达到相当强或非常强的水平，24.40%的失败回避动机水平较强；在自我责任方面，28.24%的学生达到了相当强或非常强的动机水平；在要求水平方面，16.15%的学生处在非常弱或稍弱水平，45.71%的学生处在一般水平。

有一些专业术语需要解释一下。MAAT量表共包括4个因素，即成功动机、考试焦虑、成就归因与要求水平。通俗地讲，成功动机就是对成功重要性的认识和克服困难的态度；成就归因就是成功与失败的主要责任，自我责任是重要的测量因子；要求水平就是完成任务期望值的高低。考试焦虑有两个测量因子，其中促进紧张动机就是测量适度焦虑对学习的促进作用，而失败回避动机就是分析过度焦虑对学习的阻碍作用。从数据上看，大部分初中生的学习动机不算强。有研究指出，这个年龄段的孩子心中往往有"四问"，解决了这些问题，学习动力会迸发出来。

第一问，学习有什么意义？

这的确是一个值得思考的问题。不同的家长会有不同的答案。我们可以对孩子说，地球上有人和动物，看看猫过的什么日子。一千年前猫怎么过现在还怎么过，可人不同。人过的是创造性的生活，因为人会学习，人的大脑就是用来学习的，课堂学习也是其中的一部分。你不学习也可以啊，那跟小猫小狗来到这个世界是一样的。我们还可以告诉孩子们，学习可以拓展我们的视野，站得高看得远，充满智慧的大脑才会有不一样的格局，读书多才能有"会当凌绝顶，一览众山小"的豪气。在如今这个社会，一专多能的"斜杠青年"一定更受欢迎，学习可以让自己走上社会的时候多一些选择的权利。

第二问，不是不想学，可是学习太苦了，怎么办？

家长9（插话）：我觉得现在的孩子学习确实很辛苦，竞争压力又大，好多孩子课余时间都上各种培训班，虽然我不想让我女儿学，可是大环境如此，不学肯定不行，所以我们只有推着她往前走。

师：谢谢，您说的确实是当下的大环境，我们身处其中，难以改变客观环境。但是我们需要告诉孩子，苦与乐是相对的，关键在于个体的认知。比如，您有个朋友特别喜欢运动，他邀请您周末一块儿骑车去很远的地方郊游。他觉得骑车是一件特别愉快的事情，可是您本来就只是想放松一下，也不太喜欢骑车。那么，您可能就会觉得这件事太累了，郊游可能都会失去了兴致。

这里向大家介绍美国心理学家埃利斯创建的情绪 ABC 理论。他认为，情绪与行为问题的产生有三个要素，一是激发性事件（activating event，简称 A），二是个人信念（belief，简称 B），三是引发的后果（consequence，简称 C）。有前因必有后果，但同样的前因 A，可能会产生不一样的后果。这是因为从前因到后果之间，一定会通过一座桥梁 B，即对 A 的解释，不同的人的不同思维方式会产生不同的解释，所以最终得到不同的结果。因此，可以看成是个性化的 B 而不是 A 直接引发了 C。埃利斯指出，正是不合理的信念才使我们产生情绪困扰。如果这些不合理的信念存在过久，会引发情绪障碍。人既可以是理性的，也可以是不理性的。当人们按照理性去思维、去行动时，他们就会很愉快、富有竞争精神，行动有成效。

结合这个理论，我的想法是家长首先要了解孩子对参加培训班的认同情况。如果她喜欢去而且觉得有收获，即使辛苦一点也不会有问题。反之，如果她内心抵触这类培训班，就是逼她去了也不会有什么意义。

第三问，有人小学没毕业，现在是亿万富翁，怎么解释？

小学没毕业而成为富翁，其实是由很多因素决定的。其中不乏个人的勤奋与资质，但很大的原因是由于特殊的时代，国家腾飞给个人带来很多机遇。而在科技迅速发展的今天，小学没毕业成为富豪是越来越难以实现的小概率事件，未来暴富的机会越来越少。新生代富豪扎克伯格、特斯拉CEO马斯克，或者是百度的创始人李彦宏等等，他们都是名校出身，有高学历、高素养。学历和成为富翁没有必然的联系，从现实来看，小学没毕业的人当中活得很辛苦的人是大多数。

第四问，学习有什么用？

在座的家长大多都是 70 后，这一代人懂得吃苦耐劳，也比较能深刻地体会到"读书改变命运"的意义。但是随着生活水平的提高、物质生活的丰富，00 后的孩子因为需要改变生活而引发的学习动机水平已大大下降。所以家长们更需要跟孩子交流"为什么要学习，学习的目的是什么"这个话题。比如下面这段经历的对比很形象地说出了学习到底有什用：

> 去爬山，如果你对自然科学很感兴趣，那你对大自然的感受一定比别人深；
>
> 去海洋公园，如果你对海洋动物的习性很了解，那你一定比别人更兴致勃勃；
>
> 去历史博物馆，如果你对这段历史缺乏了解，看到那些文物你可能提不起很大的兴趣。

去旅游看古建筑，如果你没有关于此建筑的背景知识，那么这个建筑只能成为你到此一游的纪念照而已。

如果您认为世界是迷人的，您的孩子也更有可能会有相同的认识。所以，我们家长应帮助孩子树立这样的理念：你不是考试机器，你也不是为了爸爸妈妈而学习。你是为了探索这个奇妙的世界，从而使你的生活更加多姿多彩而学习；你是为了增长智慧，为了探索你的独特个性、人生价值，从而使你的人生更有意义和快乐而学习；你是为了更充分运用你的特长和才能去帮助他人而学习。

我们可以用聊天的方式，告诉孩子们，学习的过程是不断探索自我的过程，会逐渐了解自己喜欢什么、擅长什么，不喜欢什么、不擅长什么。学习知识和技能，今后才会有更多的选择权，去做自己感兴趣的事。

我们可以对孩子提出三点要求：

• 一定要努力，及时总结经验，但不要过度在乎考试成绩。

• 在现在知识更新这么快的时代，怎样学比从书本中学到什么更重要。我希望你能学到各种能力，比如时间管理能力、分析和解决问题的能力、独立思考的能力、寻找资源和自学的能力等等。这些能力的养成有助于你成为更有效的学习者。

• 希望你保持对这个世界的好奇心，愿意去探索世界的未知，有终身好学的精神。希望你能找到你很感兴趣的学科，并且钻进去。

另一方面，我们家长自身的观念也需要改变，真正认同学习不等于只学书本知识，书本知识只是学习的一部分，生活才是最好最大的校园。让孩子知道"为什么而学"比单纯地要求他"怎样去学"更为重要。日常的亲子交流必不可少，通过平等、良好的沟通，把关于学习、关于人生、关于世界的观念传递给孩子，潜移默化地影响孩子，这对解决学习动机的源头问题更易达到事半功倍的效果。

3.倾听孩子心声

师：担任班主任以来，常常有家长跟我反馈，说孩子对学习不感兴趣，做跟学习有关的事情就非常磨蹭，学习成绩总是提不上来。如果家长叮嘱两句，孩子就觉得特别烦，情绪也不太稳定，动不动就"跳脚"。

其实，造成孩子学习动机不强甚至产生"厌学"情绪的原因有很多。这里给大家提供一些我采访的学生的"心声"，我们大家一起来试着读懂孩子学习动机不强的原因，以便更好地有的放矢，解决问题。

生1：不是我不想学，而是我无法集中注意力。

进入青春期后，我开始思考很多问题。以前我只关心自己，从不关注别人。现在爸爸妈妈和我的关系不太好，我得花精力去思考，为什么会这样？怎么才能够跟他们处好关系？怎么才能获得他们的爱，他们的认可？

我跟老师同学的关系也不好。怎么才能够避免老师的指责？怎么才能够在老师面前证明我是可以的？怎么才能够交到好的朋友？我每天绞尽脑汁思考这些问题，根本顾不上学习。

——根源分析：青春期对人际关系敏感，造成情绪波动大，影响正常学习。

生2：不是我不想学，而是我没法学。

我很容易受周围环境、人际交往等的影响，没办法安心学习。比如我一到考试就特别焦虑，晚上甚至会失眠，做事情注意力也不集中，我感觉自己被悲观的情绪包围了，特别困扰，但是又不知道跟谁说，总闷在心里。所以考试发挥失常的事情时有发生，对学习也就越来越没自信。

——根源分析：抗压能力较弱，没有情绪倾诉的出口。

生3：不是我不想学，而是我看不到希望。

我看不到自己有多大希望，表面上在学，心却处于放弃的边缘。我的学习任务经常完不成，整天在作业堆儿里挣扎，但是我又改不了现状，一直恶性循环。感觉我再怎么努力都达不到爸妈的目标。

——根源分析：父母要求可能过高，孩子想努力但无法达到，内心痛苦、自信下降。

生4：不是我不想学，而是我不知道为啥而学。

我不知道学习的真正目的是什么，只知道父母要求我考上好学校，我对自己未来的发展没有思路和方向，只是随大流，过一天算一天。

——根源分析：孩子缺乏人生理想，没有目标，没有规划，当然也就缺乏行动的动力。

孩子们的"心声"反映了他们学习动力不足的一些原因。这个阶段的孩子正处在青春期，随着孩子们的身体变化，他们的心理也在悄无声息地变化着，独立的意识开始萌芽，开始寻求平等的对话，在这个激烈的思维碰撞期，他们特别有想法但是又特别的迷惘。遵循孩子这一时期成长的特点是家长真正懂得孩子，进而激发其学习动机的关键。

一方面，家长要去了解孩子学习动机不强的原因具体是什么，这样才能有的放矢。如孩子不喜欢一门功课，家长就应该更多地去了解他不喜欢的原因是什么，是因为听不懂呢，还是因为课堂走神没有认真听，或者是对这门学科老师的讲授方法不太适应等等。家长们要走进孩子的内心，了解的原因越细越有利于想出相应的解决办法。

另一方面，我们要把对孩子的期望值设置在合适的水平，降低对孩子过高的期望。有些家长喜欢攀比，"别人家的孩子怎么那么聪明？""人家第一名，你呢？"这样孩子慢慢就形成"我比别人笨"的心理暗示，甚至产生"妈妈喜欢别人"的抵触情绪，从而对学习越来越没兴趣。

家长要尽可能做到不攀比，要基于自己孩子的实际情况提要求。如果孩子现在能跳 1.2 米，那 1.3 米就是比较合适的目标，这也就是苏联心理学家维果斯基所提出的"最近发展区"理念，千万不要因为别的孩子都能跳 1.5 米了，就要求自己的孩子一定也要跳那么高。

概括来说，我们家长要学会尊重孩子、倾听孩子，找到孩子学习动力不强的真正原因，端正自己的心态，找到孩子的"最近发展区"，让他们学起来更有信心，这样才能更好地激发他们的学习兴趣。

4. 让学习更高效的方法

师：作为父母，我们处处关爱着孩子，但是有时候父母会成为孩子成长的阻力，尤其是独生子女的父母，只是我们对此不自知。长大的最重要标志是什么？是独立判断。理论上，0～6 岁的孩子，由父母为孩子作决定；6～12 岁，由父母和孩子共同决定；12 岁后，孩子自己作决定。可是在中国，有些 30 岁的儿子都还没有"心理断乳"，找工作、交友、择偶等等仍由父母为其作决定。这就是所谓的"巨婴"。

中国式家长喜欢大包大揽，喜欢把孩子"跳一跳才能摘到的苹果"直接送到孩子手上，孩子自然对"跳一跳"这种苦活没兴趣了。比如孩子做作业磨洋工、拖拖拉拉、不认真，或者没完成作业等情况，往往与很多家长的行为有关。

例如，家长一遍又一遍叫孩子开始做功课，然后坐在孩子身边监督，最后再一道题一道题地帮孩子检查作业，要求孩子把每道题改正才行。结果是，每次交上去的作业都拿满分或高分，但你能说那是孩子自己完成的作业吗？当你把孩子的责任揽成了自己的责任时，孩子就认为学习是为了父母，学习不是自己的责任，表现出来的状态是做作业拖拖拉拉、心不在焉、不想完成作业。

字写不好，拼写有错，有时漏了做作业，作业落在家里了，有时考试拿个不太好的成绩回家，这些是再正常不过的事了，是孩子成长过程中不可避免的经历。如果家长因此大动肝火，埋怨、催促和责骂，不仅让孩子的能量都消耗在处理这些所引起的负面情绪上，而且会加深孩子对学习的厌倦和恐惧，阻碍孩子对学习的责任感和主动性的发展，其后果比孩子最初的小毛病严重得多。

所以，我们家长要尝试着放手。只有家长放手了，孩子才能动手。在放手的过程中要注意三点。

（1）家长放手不是放任不管，而是与孩子站在同一个战壕里

双方就学习的各方面作一个合理的约定。比如：作业在什么时候完成，完成的效果应该是什么样的，完成过程中有困难可以向谁求助等。规则制定好后，家长们只需要和颜悦色地提醒，逐渐放手让孩子承担责任，包括完不成作业需要承担的后果，作业错误率高需要承受的批评等。家长只要让孩子知道安排时间，知道轻重缓急，便不要过多介入，过程中及时给予一些真诚的表扬与鼓励即可。

当孩子通过某些结果而意识到自己当初的选择和行为是不明智的时候，家长的态度不应该是数落孩子"你看你看，我都告诉你了，你偏偏不听，现在知道错了？"而应该是鼓励的态度，"孩子，没关系。妈妈（爸爸）小时候也做了好多错事，吃一堑长一智，小孩子就是这样成长的"。

（2）放手的过程要能接受孩子的不完美

从短期来看，孩子在家长不停地督促监督下的表现也许比家长放手后的表现好，这也是很多家长不敢放手的原因。但孩子在家长监督下的表现是由于外界的控制，而不是由于内在的力量，然而来自内在的力量会更强大更持久。我们毕竟只能陪伴孩子一段路，剩下的路需要孩子自己有动力走下去，所以放手的过程中一定要接受孩子在成长中表现出的"不完美"。

（3）让孩子感受到"动手"后的成就感

我为什么会热爱语文老师这份职业？我读初一的时候，有一次上语文课，老师把我的作文当作范文，让我在班上朗读，当时的我多激动、多开心呐。我的语文老师笑着问我，"你现在的感觉是不是比吃了一颗糖还要甜？"我说"是的"。从此以后我就喜欢上了写作，认为自己写作还不错，这也促使我后来高考时毫不犹豫地选择了中文系。我想这就是鼓励和成就感的魔力。

每个孩子都是渴望得到尊重与赏识的，人本主义心理学家马斯洛将人

的需求分为以下几个层次：生理需求、安全需求、情感与归属的需求、尊重的需求、求知和审美需求、自我实现的需求。

马斯洛需求层次理论

其中，"自我实现的需求"是激发学习动机的重要内因。所以，赏识他、尊重他、用鼓励和表扬来促进孩子自我价值的实现，这能够长久地点燃孩子学习的兴趣与热情。

怎么表扬以及表扬什么是一门学问。表扬的时候我们要多用指向具体的肯定或描述性的鼓励，要真诚，不能夸大其词，更不可滥用外部物质奖励。一味的物质奖励会破坏孩子的好奇心和内驱力。

"没有惩罚就没有教育"，除了表扬与鼓励，当孩子犯错时，必要的惩罚是可以的。如确需使用惩罚手段时，家长要保持平静，切勿大喊大叫，且要讲规则、有底线，这样的惩罚会更有效果。合理、适度的惩罚方式有：

• 去掉一些"福利"，如每周带着孩子去游乐场或买喜欢的物品等各种约定好的"福利"；

• 家里设立"反思角"，在房间内准备一个角落，明确这是惩罚区。孩子犯错后告知犯错的原因，然后让其罚站或写反思书；

• 没收心爱的物品等。如孩子违反约定，可以在规定的时间内没收孩子的手机等电子产品。

当然，家长的惩罚方式主要还是应以明是非、讲道理为主。我们在运用奖惩方式时，要注意它们的使用频率。从心理学的研究结果看，当奖惩的比例为5:1时往往效果最好。

5. 实战演练：孩子"拒学"我有妙招

师： 讨论到现在，我们一起来实战演练一下，今天给大家带来一个由真实事件改写的案例。我们可以先看看案例，然后进行讨论，最后再进行角色扮演，把大家应对的智慧策略演绎出来。

（老师分发案例纸，给家长们10分钟时间讨论）

小A是初二的学生，生活在重组家庭，是家中长子，还有一个同胞弟弟和一个同母异父的妹妹。妈妈较关心他的成长，他非常聪明但很懒，理科成绩很好，文科很弱，爱玩电子游戏。在学校他会努力尽快完成家庭作业，目的是为了回家有时间玩游戏。初一成绩尚可，不知为何，进入初二后他对学习一点劲儿也提不起来，上课总是打瞌睡，课下经常发牢骚、发无名火，同伴较少。在家里喜欢一个人待在房间里，晚上12点多还不睡觉。各科老师都反映他的成绩直线下滑，作业多次未完成，需要请家长督促其完成作业。

小A爸妈该怎么做呢？

师： 在开始情景演绎之前，我需要补充一点，为了更好地去体验、去思考，除了上来做角色扮演的家长，其他家长都是观察者，我们一会儿可以探讨哪里做得好，也可以提出你的建议或意见。具体问题具体分析，在教育上没有完美的父母，我们的做法没有绝对的对错，只有适合或不适合。

此外，我想先问问大家，根据小A这个情况，你会选择一个时间还是立即就跟孩子谈呢？请说说选择理由。

家长9： 如果是我的话，我会选择周末，相对心平气和，谈话的效果可能更好。

好，这位妈妈选择了周末的时间，那请你来扮演"小 A 的妈妈"，这位举手的爸爸请你扮演"小 A"，那就开始吧，我们一起来静静地观察。

妈妈：儿子，你看今天天气这么好，不如带你出去走走吧。

小 A：不想去，懒得动。

妈妈：走吧，难得天气这么好，你弟弟妹妹又不在家。你想吃什么？

小 A：那……好吧！待会儿带我去吃好吃的。

妈妈：那我们先出去散散步吧，然后再去买吃的。

小 A：妈，你是不是有什么话要跟我说？是不是老师又向你告状啦？

妈妈（有点措手不及）：也不是老师告状，妈妈看你这段时间有点不太对劲，就想跟你聊聊天，看看宝贝儿子怎么了。

小 A：那老师到底跟你说我什么了？

妈妈：你是不是这几天作业都没有做？

小 A（有点不耐烦）：嗯，没做。

妈妈：妈妈觉得你有时候会有点偷懒，作业可能会偷工减料，但是一点不做肯定是有原因的。你最近是遇到什么困难或者其他情况吗？

小 A：也没什么特殊情况，就是不想做作业，觉得上学没劲。

妈妈：那如果现在不上学，你想做什么？

小 A：我可以玩游戏啊。玩游戏也很赚钱的啊，你不要觉得玩游戏就是坏小孩，你要是也跟其他人一样看我，我也懒得跟你说了。

妈妈：妈妈是不会跟其他人一样看你的，但是妈妈想知道，你每天房间门关着，也不让我们进去，是不是一直在玩游戏？你说实话。

小 A：嗯，是的。

妈妈：你今天很诚实，这很好。现在初二了，你也是个有思考能力和行为能力的大男孩了，妈妈知道你特别的聪明，从小老师都夸你聪明，是个好苗子。初一的时候你学习和娱乐不也兼顾得蛮好的，为什么现在突然这么沉迷玩游戏了？可以告诉妈妈吗？

小A：到了初二，作业越来越难，我感觉我的作业永远做不完，我实在不想做。玩游戏能让我找到存在感，你们都那么忙，哪有时间管我啊！只有游戏里的好哥们跟我聊得来。

妈妈：妈妈也想懂你啊，你有什么心事可以直接跟妈妈和叔叔说啊。你是妈妈第一个孩子，你独自享受妈妈的爱的时间是最长的。妈妈平时工作很忙，现在又有弟弟妹妹。你是家里的老大，是不是更应该帮妈妈照顾弟弟和妹妹，做他们的好榜样？（小A低头不吭声）你可以告诉我你有什么目标吗？

小A：你是说想考上什么高中？没有，高中更苦。

妈妈：妈妈是想问你更长远的目标，就是你将来最想从事的工作是什么？你总不能关着门在家里打一辈子游戏吧？你这么聪明，妈妈不想你将来后悔啊。

小A：我就想打游戏，帮人家代打也很赚钱的呢。当然如果有本事的话还可以开发个游戏啊什么的，我觉得日本这方面比较厉害，因为我玩的游戏好多都是日本研发的。

妈妈：儿子，这个目标很棒啊，这就是梦想啊！妈妈觉得很有前途啊，你又喜欢，或许将来能做得很好呢。

小A：这也算梦想吗？

妈妈：当然啦，要实现这个梦想可不容易。你得掌握多少计算机知识啊，还得懂得研究市场需要啊、玩家心理啊，这些都得通过专门的学习才能懂啊，光会打游戏的初中毕业生估计哪儿都不要。

小A：妈妈你说的我都懂，你又在骗我学习。其实吧，老师布置的作业也不是都不会，但是我就是怕做作业。你能不能跟老师说让我少做点啊。

妈妈：这个问题我还得跟老师商量，不能现在答应你。没有规矩不成方圆，老师的要求我希望你能够尽自己最大的努力完成，实在完不成的，我们另作考虑。今天你跟妈妈也敞开了心扉，妈妈很高兴，妈妈希望你以后能实现自己的梦想，将来不至于后悔这段时光。从今天开始，能不能答应我，你的房门在做作业时不要关着，可以吗？

小 A： 嗯，可以，但是我还是需要一定的私人空间。游戏你也还是要给我一定的时间玩，不能像以前一样动不动就拔掉我的网线。

妈妈： 可以，这个时间我们约定好，不可以超时，行吗？

小 A： 好的，我知道了。

师： 好，首先我们掌声感谢两位家长，两位辛苦了，先请入座。我刚才一边看两位家长的情景再现，一边动笔做一些记录，其他家长也都在认真观看。不知道你们有什么感受。你看到什么，想到什么，都可以反馈，让我们看到问题的多面性。

家长 10： 这位妈妈演得非常投入，我感觉她是很有智慧的妈妈。通过对话我还能感受到那种真心想去帮助儿子的关切，我觉得在真正的亲子沟通中，父母的情感真不真，孩子是能很敏锐地觉察到的，所以饰演小 A 的那位爸爸一开始是很敷衍地回答妈妈的问题，但是后来慢慢地向"妈妈"敞开心扉，能够有效沟通了。我觉得这个妈妈做得非常好，但是如果我是妈妈的角色，我还想让小 A 多说说，更多地倾听他的心声，因为我感觉这是个在家庭和学校都比较缺爱的孩子。

家长 11： 接着这位妈妈的话，我也有点想法。我感觉这个孩子突然间沉迷游戏，一点也不写作业，可能也是一种求关注的行为。父母较忙，没有人管他，他被老师找家长了，家长肯定会过来关心他，所以我感觉他在用这种方式引起母亲的关注。他的家庭关系比较复杂，又处在青春敏感期，男孩子肯定不会对大人说，"你们快来关注我吧"，何况他还有弟弟妹妹。我们成年人能理解后妈或继父是很难做的，他们管理的松紧程度很难把控，所以继父可能比较难处理这个事情，还好这个妈妈很民主，在沟通的时候不先入为主，情绪上不急躁，能取得小 A 的信任，这是他们这次乃至以后有效沟通的前提。我觉得这位妈妈这一点做得特别好。

师：两位家长说得特别好，我稍微做点补充。青春期孩子有一个非常重要的特点就是矛盾心理。小 A 内心其实很需要父母的关注和爱，可是这个年龄的男孩子是不好意思表达出来的，所以他会在行为上"作"，用学习成绩来引起父母的关注。青春期的孩子不爱学习，也有这部分原因的影响。下面，请大家继续发表自己的见解。

家长 12：如果是我面临这样的处境，我可能会很焦虑，会紧盯着他的一举一动，监管他上网的情况。目前我觉得只有用这种办法，孩子才不会走歪路，等再过几年，他大了自然能明白我的良苦用心。

师：这位家长的办法我相信很多家长都多多少少地尝试过，但是在青春期这一特殊时期，用严密监管这个方法，恐怕会适得其反。尊重孩子是首要的，如果想用监管的方式，需要跟孩子商量着来，告诉他你的底线在哪里，谈好"违约"的惩罚。比如这位"小 A 的妈妈"，她这次的底线就是关于打游戏的"约法三章"，作业一定要做，这就是规矩，这就是底线。而具体的约定，也需要家庭成员一起参与和讨论。大家还有其他的感受吗？

家长 13：我在想小 A 今天看似跟妈妈和解了，也商量了如何如何做，可是我们都清楚，这次的谈话可能治标不治本，因为这个孩子应该已经网络成瘾了。一旦落实到每天很枯燥的学习与作业中去，他将来想从事游戏行业的梦想又能支撑多久？

师：这位家长想得很长远，案例中的小 A 这样的情况确实反复出现过多次，所以如果你是这位"妈妈"，你还有什么解决的方法吗？

家长 14：我觉得今天小 A 和妈妈的谈话还是有成效的，但是空谈梦想是不行的，是不是可以趁热打铁？比如，帮他制定短期可行的计划，寻求各任课老师的帮助，让他在学习的过程中找到乐趣，找到自信。慢慢地再帮助他调整和执行计划，让梦想真正成为推动他进步的动力。当然这是一个长期奋斗的过程。

师：谢谢，您说得非常好。从学习心理的视角看，人们从事学习的目的是为获得自我的实现，促使个体的潜力、价值得以充分的施展。如果小 A 在每个短期目标中能实现他的价值，收获成功的喜悦，那么这将内化为他真正的内在学习动机。当然，教育孩子必定是一个长期的过程，有时候我们光凭着一腔满满的父爱或者母爱真的不够，要有方法，还要能坚持。

感谢大家刚刚的演绎与智慧分享，我觉得今天这位"妈妈"和"小A"两位家长演绎案例最动人的地方，就是这位"妈妈"一直保持着"与孩子站在同一个战壕里"的心，这是我们家长在陪伴孩子成长过程中最大的王牌。

大家发现没有，沙龙的意义其实就在于讨论。我们在同伴的讨论中，可能会得到某些启发，帮助我们调整心态，帮助我们寻找到适合教育自己孩子的方法。当你在面对孩子学习生活中出现的棘手的问题时，并不会有现成的解决问题的办法摆在你面前，因为你的孩子是独一无二的！我坚信每个孩子天生都孕育着积极向上的种子，只要家长对孩子有高质量的陪伴、尊重、倾听、鼓励、适度放手，给这颗种子创造茁壮成长的空间，相信孩子乐学的内动力自然会被激发出来，我们也更能将孩子培养成为高效的学习者。今天的课就到这里，感谢大家的倾听！

第 7 课　责任担当是立身之本

授课人：谷敏

对象：初一年级家长

背景分析

2016 年《中国学生发展核心素养》正式发布。所谓学生发展核心素养，指学生应具备的、能够适应终身发展和社会发展需要的必备品格和关键能力。研究学生发展核心素养是落实立德树人根本任务的一项重要举措，也是适应世界教育改革发展趋势、提升我国教育国际竞争力的迫切需要。

中国学生发展核心素养，以科学性、时代性和民族性为基本原则，以培养"全面发展的人"为核心，分为文化基础、自主发展、社会参与三个方面。综合表现为人文底蕴、科学精神、学会学习、健康生活、责任担当、实践创新六大素养，其中的责任担当这一素养，主要是指学生在处理与社会、国家、国际等关系方面所形成的情感态度、价值取向和行为方式，具体包括社会责任、国家认同、国际理解等基本要点。

初中阶段是孩子个人习惯和综合素质的养成期，也是心理状态和自身性格的成型期，更是其历练本领、树立人生方向的关键期。因此，孩子在此阶段形成的责任意识与担当意识，对今后的人生走向有着至关重要的影响。

然而，有些孩子在现实生活中对自己学业要求不高，成就需求感低；

有些孩子生活自理能力较弱，对父母依赖性较强；有些孩子遇事首先考虑自己，不愿承担团体责任，集体观念和大局意识薄弱；还有些孩子不敢承认自己的错误或过失，总是想办法躲避应有的批评与处罚等。导致这些问题的重要原因之一就是父母对孩子的娇宠。他们喜欢为孩子包办一切，忽视对孩子的责任与担当意识的培养。

家庭是社会的细胞，是每个人与社会接触并步入人生的起点站。面对处于青春期的孩子，父母有必要对他们的身心发展特点有系统的关注和具体的了解，同时投入足够的时间和精力去引导孩子懂得对自己的言行负责，对日常生活中的选择负责，对所在的集体和社会负责。

授课目标

（1）通过参与暖场游戏，让家长感受责任担当的内涵与意义，明确相关教育的目标。

（2）通过问卷调查、案例分析等活动，让家长逐步感受到拥有责任感对孩子成长的重要性，激发家长对孩子应有的责任与担当的认同感，从而增强家长们培养孩子责任感的意识。

（3）通过教师的讲解和资源分享，指导家长们学会在生活中培养孩子的责任与担当意识，使孩子能够在日常生活中将责任与担当意识内化于心、外化于行。

课例实录

1. 担当——从传统到现实

师：今天的孩子就是未来的主人，就是时代的栋梁。那么请各位家长一起来思考，无论是家庭的主人还是时代的栋梁，都应当具有什么样的特质呢？大家能否提炼出几个关键词来描述？（家长们沉默）可能我这个问题比较大，大家担心说不好。那么，我们做个选择题吧！以大家熟悉的小说《西游记》为例，西行取经的主力团队有唐三藏、孙悟空、猪八戒、沙和尚师徒四人。如果他们将来要组建一个公司，谁最合适做总裁呢？

估计我们第一个要划掉猪八戒。他本性善良，也常常能独当一面。不过，他好吃懒做，爱贪小便宜，有时还喜欢挑拨离间，这样的人也许连合格的员工未必算得上。沙和尚憨厚老实，不怕吃苦，虽然工作不可或缺，但分量轻了一些，也许他可以胜任保安队长或后勤主管。唐僧本来就是团队首领，是有人脉、有定力、有修养、有风度的"四有人才"，不过作为 CEO 总感觉弱了一点。他大局观不太强，遇事缺乏主见，更缺乏可以率先垂范的战斗力。大徒弟孙悟空优点明显，他有能力，会办事，头脑灵敏，但恃才傲物，桀骜不驯，有时还耍脾气、撂担子。大家觉得谁最合适？你们的表情告诉我，只有孙悟空。他有缺点，但是他来做当家的，我们最放心。那么，他身上什么样的特质让我们放心？

家长 1：他敢做敢当！

家长 2：他有正义感。

家长 3：他不怕艰难，有韧性。

师：说到正义感，沙和尚也有。说到不怕艰难，唐僧也算一个。我同意第一位家长朋友的观点：在孙悟空身上有一种担当精神，这是作为一名领导者的核心特质。

那么，如何理解担当的内涵？让我们先追根溯源，在传统文化里寻求"担当"的意思。

"担"字原本写作"儋"，《说文解字》说："儋，何也。从人，詹声。以背曰负，以肩曰儋。"何通荷，表担荷，指用肩膀担起东西。对古人来说，担荷是生活的经常。除了樵夫担柴换钱，农夫要担水浇地，货郎要挑着担走街串巷，就算是读书人出门游学也得负书担囊。当然，人们眼中需要担起的绝不仅仅是货物。古人云，"一肩担尽古今愁"，还说"铁肩担道义"。可见人生天地间，有些担子是必须要扛起的。

"当"是一个形声字。《说文解字》说："当，田相值也。"在金文中，当的下半部分原本是土，后来变成了田，用来表示两块田地相当、相等，这是"当"的本义。后来，"当"字所指范围扩大至两件事物相当，比如词语"当官"，说的就是某人的行为、素质要与"官"的职责要求相值，于是就引申出了"担任"之义。由"担任"又引申出"承担、负担"的义项，孔子说"当仁，不让于师"，意即君子以仁为己任，遇到可以实践仁道的机会，就是对老师也无需谦让。《淮南子》中说用兵，有这样一句，"一人守隘，而千人弗敢过也"，也就是我们今天常说的"一夫当关，万夫莫开"，这里的"当"是把守、守卫。人生在世，固然不一定有机会像这样据守险要之地，但也应该去追求一夫当关的魄力、独当一面的能力和以一当十的勇气，能够担当，也敢于担当。

由此可以看出，"担"重在扛起，"当"重在承担，尤其是承担起与自己身份、责任相当的任务。"担当"一词，既与承重、负荷有关，也与职责、本分有关，也就是要敢于扛起自己的责任。

这里要说明的是，要有责任有担当并不意味着追求英雄主义，"担当"二字不是英雄人物专属的。每一个平凡人都有一份属于自己的使命与责任，正视并努力完成它，就是有担当。习近平总书记也曾强调说，"青年一代有理想、有担当，国家就有前途，民族就有希望"。

到这里，大家一定可以猜到，责任担当就是今天要和各位父母共同讨论的话题。前面我们大致明确了担当的定义，接下来我们来探讨担当的实际内涵。大家一起来说说，在生活中可以体现孩子有责任担当的表现有哪些。

家长 4：有担当要从小事开始。记得以前听说过"一屋不扫何以扫天下"这样的话。孩子应该做好生活中的一些小事，比如收拾房间、叠被子等。一般我会要求孩子做好这些自己应当做的事。有时我和孩子一起出去取快递或是买菜，孩子会主动帮我提东西。

家长 5：我的工作很特殊，一般在周末比较忙。于是我就和孩子约定，周末的家务主要由他来负责。所以，孩子周五放学一到家，就会帮着扫地、拖地。慢慢地，孩子觉得只是搞卫生没有成就感，就主动提出去超市买菜，还学着下厨烧菜。想到这个，我很欣慰。

家长 6：我想说的和前面家长们说的有点相似，就是培养孩子做好身边的小事。我们去超市买东西时，孩子会主动排队，从不插队。在家里，他会帮着做家务。另外，他时间观念很强，从一年级开始上课从不迟到。过去我觉得，这些事都是应该的，没有与担当联系起来。但是刚刚听了谷老师的一席话，我也认为坚持做好生活里的每一件小事，就是孩子有责任心的表现。

师：感谢三位家长的分享。我相信在座的家长朋友都乐于让孩子在家里或多或少地做些力所能及的家务活，这是他们在成长过程中必须经历的。当然，孩子毕竟是孩子，在责任担当的表现上可能会有不尽如人意的地方。所以，我还想再问大家，这方面孩子的哪些表现会让你头疼呢？

家长7：我家的孩子生活自理能力比较弱。他主观上就不太愿意去做事，房间不收拾，被子也不叠。我们也知道劳动意识的重要，也知道要培养责任感，但说了一大堆道理，孩子就是不执行。

家长8：孩子在生活上基本可以自理，但整理质量与效果不怎么样。他自己收拾书桌，自己叠被子，房间也是自己定期整理，不过总还是乱糟糟的。

家长9：我家孩子做事一般都三分钟热度，很难坚持。做父母的也会帮助他订计划，但最后都完成不好。最初的计划似乎成了家长的任务，孩子缺乏主动性和内驱力。

师：好的，感谢几位家长和我们分享了他们内心的苦恼和困惑。他们在陈述的时候，我注意到其他家长有的会心一笑，有的默默点头，也有的陷入沉思，估计是"家家有本难念的经"。在今天的家长课之前，我在班上做了一份有关孩子责任担当意识表现的问卷调查。我对同学和家长们的反馈进行了统计汇总，现在报告一下结果。

学生自我反思的主要问题——

- 主动承担家务活的意识不强，简单饭菜还不会做；
- 不太经常主动帮助别人；
- 个人生活自理能力较一般；

- 遇到学习与生活上的困难会抱怨，总是找理由为自己辩解；
- 参与班级活动的积极性不够，对班级和校园卫生不太关心；
- 对社区或社会上的公益活动不太关注；
- 在学习上主动自觉性不够，让父母操心较多；
- 学习目标不明确，这方面有时和父母闹情绪。

家长期待孩子的表现——

- 除学习外，在力所能及的范围内分担更多的班级义务，在家中做到个人生活自理，能承担少量家务；
- 能正视自身的优缺点，做错事能反思，做到不狡辩、不推脱，逐步完善自我人格；
- 书写需要更多练习，将作业写端正也是一种责任；
- 有自主安排学习任务的意识，养成主动学习的习惯；
- 有主人翁意识，主动帮助父母承担家务；
- 有助人为乐的意识，避免养成自我为中心的习惯；
- 在学习上更有规划意识，更有效率；
- 明确目标，找到动力，远离懒散和懈怠。

之所以在这儿将大多数同学的自省与父母的期待做个分享，主要出于两个目的：一是希望家长们不要太焦虑，你所烦恼的问题其他人也有，许多是青春期孩子们的共性表现；二是希望大家对这些问题有所作为，主动出手与孩子来寻求解决之道。当然，问题不是一朝形成的，也不可能一夕就能解决。我们也需要有一些目标与规划意识，逐步培养孩子在责任担当方面的意识与能力。

2. 责任——始于承担家务

师：我们习惯了将责任与担当相提并论。如果分开来，常会使用"责任感"与"担当精神"这样的表述。责任是一种意识，责任感是对个人所应承担的职责与义务的主动认知；担当是一种精神，有担当就是履行相应职责与实现个人价值的勇气与行动。如果说有责任感是"知"，有担当是"行"，那么有责任担当就是"知行合一"。知者行之始，行者知之成。

记得有一位企业家曾说过："一个人应具有责任意识，不管你做什么，只要做一天就要做好一天，担负起应有的责任，责任感是人的安身立命之本。"我们在认知上的缺陷并不可怕，一般也不会影响一生的格局，但是，我们在人格上的缺陷却有极大隐患，可能会贻害终生。孩子们一天天长大，他们将要独自面对困惑，面对抉择，面对复杂的人际关系。一个缺乏独立性和责任感的人很难在竞争激烈的社会中有所作为。因此，作为家长，我们要更加清醒地认识到培养孩子的责任感是家庭教育中的头等大事，因为方向比努力更重要。

责任感的形成是一个由低到高、不断升华、不断强化的过程。对初中生而言，这个由低到高的层次可以分个体责任感、群体责任感与集体责任感。个体责任感主要是对自己负责，完成本人分内责任，如学习、穿戴、卫生等；群体责任感主要指对家庭、亲友负责，包括急人之所急，想人之所想，互相帮助，做家中的小主人等；集体责任感指对班集体、校集体、社团集体等负责，比如有班级荣誉感、乐于奉献、爱护公物、保护环境等。

我们都听说过"再穷不能穷教育，再苦不能苦孩子"这句话，它指的是要更重视基础教育，更多关注孩子。有些家长误解了苦与乐的概念，以为孩子要娇生惯养，不能受委屈，所以尽可能满足孩子的要求。有些父母或者长辈包揽一切家务，不舍得让孩子分担，甚至直接说"做饭、洗衣、打扫卫生都不是你的事，你的任务只有学习"。久而久之，孩子失去了作为家庭一员应该承担责任的意识，慢慢养成了以自我为中心、不考虑他人感受的思维方式。大家可以想象，一个孩子如果只考虑索取而不考虑义务和责任，长大后他如何能获得需要的资源？

香港艺人袁咏仪的一个育儿小故事给我留下很深的印象。她儿子想要养一只宠物狗，她答应等到七岁的时候才可以，因为儿子必须有足够的能力照顾小狗才行。儿子七岁时，她带他去宠物店，但并没有马上掏钱。她让儿子先去帮忙捡狗屎，儿子做到了。第二天，她又带儿子来帮忙捡狗屎，儿子也完成得很好。袁咏仪终于给儿子买了小狗。她认为，满足孩子的愿望往往不是钱的问题。当孩子想要某样东西，家长要教给他的不是"索取"，而是"换取"。一方面要让孩子知道来之不易，他才会好好爱护；另一方面养宠物需要耐心的付出，孩子要用行动来换取父母的信任。

下面我们来一次现场调查。大家平时能坚持让孩子一起参与家务劳动吗？如果是，请举手。请注意，是坚持，偶尔做几次的不算。（清点举手人数）今天在场的 42 位家长中，只有 19 位家长举手，看来这个话题还值得细聊！

我知道，不少父母不让孩子动手做家务，除了宠爱有加的原因外，还有学业的因素，也就是担心做家务挤占了宝贵的学习时间。那么这有没有道理呢？

重庆市第七中学曾在家长中做了一次问卷调查。232 份调查问卷的结果显示，成绩优秀的学生其家庭更多采用协商、民主的亲子互动模式。相对于在家不动手帮忙的孩子而言，正常参与做家务活的学生成绩优良的比例要高很多。

《人民日报》也曾刊载《学生做家务"没时间"，家长应矫正"教育观"》一文，里面提到了哈佛大学学者曾做过的一项长达二十多年的跟踪研究。这个跟踪研究的结论有点惊人——爱做家务的孩子和不爱做家务的孩子相比，成年后的就业率为 15∶1，犯罪率为 1∶10。看到这个数据，大家还认为不让孩子做家务是对孩子好吗？

诺贝尔物理学家获得者、华裔科学家朱棣文总结过孩子做家务带来的六大好处。第一是养成自觉劳动的习惯，锻炼动手能力；第二是学会遵循程序做事，养成处事的条理性；第三是训练注意力的稳定性和分配能力，培养专注的习惯；第四是慢慢领会管理方法，形成良好的协调能力；第五是对家庭尽责，养成做事认真的习惯；第六是学会求变求好，培养创新的思维能力。

我是一名教师，也同样为人父母，如何教育和引导孩子是我一直在学习的课题。我想，"授人以鱼不如授人以渔"，我会有意识地教会孩子做事的方法，而不是直接帮助孩子做事。不知道在座的家长朋友们有没有发现这样一个现象：有的人十八九岁仍然像个小孩子，而有些孩子才十一二岁就俨然一个小大人的样子。怎么会这样呢？心理学家认为二者之间主要的差距就是孩子内心的责任感是否建立起来了。一个孩子一旦建立了责任感，他就会懂得对自己和家里的事负责。所以，我和我老公共同商定，家庭教育的首要目标就是让孩子有责任感。

儿子四五岁时，我们就给他单独的小房间。他可以按照自己的想法去布置房间，按照自己的方法做事情，房间的整理也完全由孩子自己负责。布置得好是他的功劳，整理得不好就是他的不对。只要孩子自己能做的，我们都不会替代他去做。我们想通过生活里点点滴滴的小事告诉孩子，自己的许多事是别人无法代劳的。

孩子责任感的建立，必须有一个重要的前提，那就是尽可能让孩子自己思考、选择、做决定，要让他们考虑到与选择相对应的责任。出于他们自己的选择和决定，他们才更愿意、更能够担起责任。如果父母强加、硬塞责任给孩子，反而不利于孩子成为对自己行为负责的人。因为他会认为这是别人强加给他的责任而加以推诿或放弃。我们来看一个视频短片。

（视频解说词）这是电影《背起爸爸上学》中的一个经典片段，整部影片讲述了这样一个故事：农村孩子石娃自小丧母，与父亲和姐姐相依为命。转眼间，石娃7岁，姐姐12岁，石娃该上小学，而成绩优异的姐姐该升入初中。但因家境清贫，家里只能供一个孩子上学，父亲便用一把铜勺决定了弟弟石娃去上学，姐姐则不得不中途辍学。石娃刻苦读书，在全国奥林匹克化学竞赛中夺得一等奖第三名的好成绩，并考取省城师范学校。但此时，父亲却在干活时不幸摔伤，导致瘫痪在床。重病缠身的父亲为了让儿子能去省里安心求学，不想成为孩子的拖累而要结束自己的生命。石娃为了既照顾好父亲，又不耽误学业，决定背起爸爸上学。清晨，当其他人还在睡梦中，石娃背起父亲，带着简单的行李，告别了他生活了 16 年的家乡，走上了去省城读书的路。迎着朝阳，向前走去。

这个短视频告诉我们，一个山区的苦孩子，以他瘦弱的身躯背起的不仅是一个生病的父亲，更是一个沉重而又充满希望的未来。都说穷人的孩子早当家，就是因为他们从小目睹父母的辛劳，从小就体验到生活的困苦，他们知道付出与享受的逻辑关系，于是有着奋斗与吃苦的自觉。他们很小就会主动承担起家庭责任，在成长的道路上展示出坚强的身姿。

有分担才有分享。今天若有过多的不忍，明天就有太多的无奈。知道主动分担责任的孩子，才会拥有一颗感恩的心。当然，我们这里讲的分担，并非要求孩子承担那些生活重担，而是要求孩子帮助父母、帮助他人做一些力所能及的事情，体验过程，通过照顾自己学会照顾家人。做家务活是最容易的开始，可以让责任感得到培养和提升，并且慢慢体会到成长的力量。

3. 责任担当——走向健康人生的基石

师：无论我们对孩子的未来有何种愿景，一定都会期待他们拥有健康快乐。那么，我想问大家：一个人健康的标准是什么？仅仅是没病吗？（家长们纷纷摇头）显然不是。健康不只是身体健康，也包括心理健康。心理健康也不只是精神上没毛病，而是在人际交往等方面和谐发展。我们可以从四个方面去评估心理健康情况：悦纳自我、悦纳他人，这是人际关系层面；乐于工作、接受改变，这是人与环境层面；主动协调情绪、拥有健康人格，这是人的内部层面；智力正常、行为符合年龄特征，这是外显层面。责任担当就体现在从内在人格到生活表现、人际关系处理与人生目标定位上，可以说贯穿在方方面面，是身体健康的动力源，也是心理健康的奠基石。

前面我们提到责任担当的内涵，也提出了大处着眼、小处着手的培养思路，下面我们借助一个视频来进一步感受责任担当的意义。这是"我是演说家"电视节目中马丁的《男人的责任》演讲片段：

我十八岁那年，第一次高考落榜了。原因其实很简单，数学成绩太差。满分150的数学，只拿到38分。于是我复读了一年再次参加高考，但结果又落榜了。这次数学考了36分，比第一年还少了2分！我感觉沮丧，不想再读了。可能只有复读过的人才知道那种感受，那种黑暗的复读班的日子，我一天都不想再过了。但我妈对我说，你再试一次，最后一次行吗？我只好答应，开始了噩梦般的又一次复读。

在遇到困难的时候，通常你会怎么办？挑战它？战胜它？不，第一时间人都会想要跑开，这是人之常情。我也是这样，没事就逃课，有时成天不去上课。我跟几个朋友待在一起，喝酒、闲聊，麻痹自己，仿佛这样日子就过得好受了一点。有一天我喝醉了，回家就吐。等我迷迷糊糊醒过来的时候，已经是半夜了。我发现妈妈就守在我床边，在哭。我也哭了，我借着酒劲我跟她说："妈，我真的不想高考！我受够了，我找个工作行不行？"

妈妈说："不行，你不能自暴自弃。你必须战胜自己，你必须战胜数学，不然你一辈子都会倒在困难下面。"我急了，我冲我妈吼，我说："你别逼我了行不行？你别再逼我了，你再逼我，我就去死，我死给你看！"妈妈愣住了，"噗通"一声在我面前跪下了。她把头重重地磕在地板上，咚，咚，咚！一下、两下、三下。她一边磕一边对我说："儿子你要救救你自己！妈妈求求你，你要救救你自己！"那一刻到现在都刻在我脑子里。我懵了！怎么能这样，那是我妈呀，那是最爱我的人。我上前抱住她，紧紧地抱住她。我说："妈，我错了。你别这样，我改！"

第二天一早，我去学校向老师请了长假，然后把自己关在屋里。我把初一到高中的数学课本全都翻了出来，从基础的知识开始学，一道题、一道题地做，每个知识点必须领会了才算过关。我把那些课本反反复复通了三遍，每当夜深人静的时候，每当我做不下去的时候，耳边就会响起那个声音，咚，咚，咚！就像砸在我的胸口，那不只是妈妈头碰在地上的声音，那更是一位母亲对儿子最极致的爱和鞭策。

这件事情我对谁都没说过，连我太太也不知道。但很多年以后，我曾问妈妈："你还记得那个夜晚吗？当时的我怎么那么混蛋呢？"妈笑了笑说："没有一个孩子天生就知道什么叫责任感，但当爸妈的天生就该有这个责任。就算再难，也要教会自己的孩子什么叫负责。"

我也问过自己，责任是什么？责任是家长在孩子陷入迷途时的无私守护；责任是你的家庭和你的爱人面临困难时的勇敢担当；责任还是一个国家和一个民族面临危难时的挺身而出。责任可以很小，也可以很大。天下兴亡，匹夫有责，说的就是一种责任。我一直坚信，如果一个人不愿意对小家负责，他也就无法对大家负责，他根本不可能对国家负责。

有人说，责任是一种负担。是的，你嫌弃、害怕它时，它就是一种负担。但是如果你把它扛在肩上，它就会成为前进的动力，成为护佑你的铠甲，成为你灵魂的追求。

让我们每一个人，无论男女老幼，都成为勇于担责的人。因为只有这样，我们才会在这个美丽而安定的国家里，收获一份满意的工作，一份美满的爱情和一个幸福的人生。

有责任担当是一种积极的人格特质，其内涵主要是指个体自觉地做好分内之事，是个人"对自我应付责任的自觉意识与积极履行的行为倾向"。从心理健康的视域来看，心理健康的维护和促进在一定程度上关系着个人对于自身的责任意识，它要求个体对于自我应付的心理健康责任的自觉意识，并能够积极地为自身的心理健康"自觉地做好分内之事"。也就是说，责任意识是个体心理健康的内在要求；没有责任意识的积极参与，个人的心理健康是无法实现的。

那么，父母如何从心理健康教育角度进行责任担当意识的培养呢？陶行知先生说，"过什么生活便是受什么教育，过好的生活便是受好的教育"。要培养孩子的责任与担当意识，不仅要让他们着眼于当下做好小事，还要学会着眼于未来有追求，去谋划，付出心力，为自己的美好未来负责。在此，我想提以下三个建议：

首先，责任担当的认知形成要注重积极归因，多赏识你的孩子。1974年美国心理学家维纳在《成就动机与归因理论》一书中提出归因理论，他指出，当个人把过失归因于不稳定的、可控的因素时，往往能激发个体的内在动机，并倾向于更好地完成任务。例如，在学习心理指导中，将个人考试的失败归因于努力不够等不稳定的、可控的因素，就能有效地调动其学习的积极性。相反，如果将孩子数学成绩不佳的原因归结为"太笨"或者"智商太低"，那么必然导致颓废、沮丧等情感体验，挫伤其学习的积极性。在现代教育中，之所以主张赏识教育，其主要的理论依据就在于此。简而言之，一个不悦纳、不认可自己的人往往缺乏自信，往往也就缺乏责任担当。

其次，责任担当的行为模式要强调知行合一。"知行合一"是明代心学大师王守仁所倡导的，"纸上得来终觉浅，绝知此事要躬行"，只有让孩子们多亲历亲为，才能培养他们的责任担当意识。要直面孩子在日常生活中所遭遇的实际问题，并以此为教育的起点，引领孩子在处理这些实际问题的过程中，既养成自觉的责任行为，又获得心智的成长。值得推荐的操作方法就是"协商""行动""评估"三步走。

例如，不少家长都很头疼的孩子晚上熬夜、早上赖床的现象，其实就是时间管理的问题，也是应当由孩子自己来负责的问题。按照"三步法"，第一步，父母要与孩子心平气和地探讨按时起床的重要性与必要性，分析可能存在的困难（例如，家庭作业偏多，睡得晚），与孩子协商改善的办法；第二步，父母监督与配合孩子共同落实改善方案；第三步就是定期进行"回头看"，一方面对孩子执行计划的表现，给予肯定或批评，另一方面可以视实际效果对计划进行微调。相对于强制性、被动性的执行，友好的、双方认同的规划更容易让孩子学会自我管理，从而形成担当意识。

最后，责任担当的抗挫修炼始于直面现实。直面现实，就是坦然接纳、勇敢承担生命成长过程中应有的职责。较重的学业压力、较高的心理期待、多变的社会环境常常会使孩子们产生沮丧情绪。如何帮孩子从小开始修炼抗挫能力？我觉得关键就是要直面现实，保持乐观。《中国健康心理学杂志》曾推荐过一种"森田疗法"，可以给我们一点启发。"森田疗法"又叫禅疗法、根治的自然疗法，是日本东京慈惠会医科大学森田正马教授创立的，对广泛性焦虑等神经症、抑郁症等有疗效。它随着时代发展，治疗适应范围扩大到正常人的生活适应。森田正马主张当事人接纳痛苦，带着症状积极生活，为所当为，做好自己的分内之事。所谓"宝剑锋从磨砺出，梅花香自苦寒来"，诚如斯言，没有痛苦，就没有成长，孩子也应当勇敢面对成长中的各种历练，并学会化解各种危机，这是责任担当能力的重要内容。

4. 家校合力——助力孩子成长

师：我们刚刚提到，孩子的责任感可以从个体责任感、群体责任感与集体责任感三个方面来考量。下面我们重点讨论如何增强孩子们的个体责任感，因为这是发展责任意识的基础，也是发展担当意识的前提。接下来我们集思广益，说说您对培养孩子的个体责任感的建议或经验。我们分为4个小组来讨论，每个组都有一张大卡纸，大家在讨论时可以在这张纸上列出比较有代表性的做法。稍后，每个小组将选一位代表来做交流。

（家长分组讨论，列出相关做法的清单）

师：每个小组都讨论得非常热烈，但因时间有限，必须要打断大家。下面我们先请第一组的代表和大家分享一下。

第一组发言人：很高兴代表本组发言。大家一致认为，家长们没有意识到孩子一天天长大，平时习惯了包办他们的事情。包办的主要原因是他们做得太慢了，效率太低。与其看着他做得这么慢，那不如我们来做吧，也算是示范动作啊，可最后示范就成了包办。大家讨论的结果是：孩子马上初二了，确实到了还他空间和时间的时候了。他们在长个子，也应当增长技能、增长责任。孩子自己去摸索，慢慢就会变得有经验、有效率。罗马不是一天建成的，孩子也不会一夜之间变得能干，做父母的要学会放手。我们还一致认为，不少孩子学习内驱力不够，他们不知道是为谁学、为什么学、学了干什么，所以兴趣不大。我们需要让孩子明确这个目标，一方面有个大的学业规划，另一方面有个短期的学习计划。孩子自己制订计划，每天、每周的时间怎么分配，我们通过打卡、记号等方式来督促孩子完成。还有，我们想在培养家庭责任感方面做点努力，让孩子做些力所能及的事情，如洗碗、炒菜、打扫卫生等。具体的方案可以通过家庭会议来明确分工。让孩子每天做家务可能不现实，以每周来计量可能更好。

师：这组家长开了一个好头，很真诚地表达了他们的想法。说到包办一切，我突然想到前几天读到的一个绘本，书名是《正正好》。

> 有两只小猪分别叫阿逗和阿多。阿逗做每件事，阿多都会帮他。阿逗看书，阿多帮他整理；阿逗吃东西，阿多帮他清理面包屑；阿逗想修剪花园，阿多已经帮他做好；阿逗准备洗衣服，阿多又来帮忙；阿逗想做咖喱饭，准备去挖土豆、摘青椒、拔萝卜，阿多急匆匆地过来帮他系围巾、戴帽子、提篮子；阿逗洗过的青椒、土豆、芹菜，阿多都会再洗两遍；阿逗切土豆和胡萝卜，阿多就在一旁不停念叨"小心点""切小点""不是这样的"……最后成了阿多在切菜。阿逗烧菜时，阿多又不停地说"小心烫""别倒太快""多一点""太多了"……于是，阿逗很不开心，他说，"有你在，我什么事情都做不好！"他还把阿多赶出了厨房。阿逗果然把厨房弄得乱七八糟，但阿多突然意识到什么，忍住不再说了。饭做好了，阿逗问："好吃吗？"阿多觉得很咸，但还是说："太好吃了！"阿逗很开心，阿多又夸道："我们阿逗真优秀，做什么事情都是正正好！"

听完这个故事，大家有何感想？我看到很多家长都笑了，或许我们不知不觉都犯了和阿多一样的错误。阿多对阿逗无疑是爱心满满，但这样的表现既不能让阿逗独立处事，也认识不到自己的缺陷。我们的爱不必用力过猛，要给孩子独立成长的空间。

下面有请第二组。

第二组发言人：我们认为，对于孩子不会整理、不愿打扫等问题，父母要做出表率。批评和指责于事无补，我们应当指导孩子如何收纳和整理。培养家庭责任感可以从家庭成员共同完成家务活开始，孩子可以自己洗小衣物。在寒暑假，孩子的家务活可以多做一些。当然，孩子不做事，主要原因还是家长的观念有偏差。培养孩子成长，首先要重视责任感的形成，不能总盯着孩子的分数。其实分数与责任感并不是割裂的。孩子有了担当，其他问题慢慢也会迎刃而解。谢谢！

师：第二组的家长们更强调思想上的重视。的确，家长的表率就是给孩子最好的信号——责任意识不可丢。父母太勤快，孩子只能没事做。所以咱们不妨学着适度偷懒、适时放手，给予孩子形成担当意识的机会。在某种意义上，成功的父母大多善于偷懒。这里的偷懒并不意味着不管与放纵，而是把握机会，因材施教，给孩子自主管理的权利、更多锻炼的机会。《中国教育改革和发展纲要》中也强调要加强劳动观点和劳动技能的教育，让孩子掌握一些做简单家务的技能，学会生活自理，养成自觉劳动、珍惜劳动成果的好习惯，也是非常有益的。接下来请第三组发言。

第三组发言人：我们组打算分享一些具体的做法。坐在我旁边的这位妈妈刚刚介绍了她的做法，对我们触动很大。她的孩子每天早晨跑 1000 米，已经坚持打卡 100 天了。我们组里还有一位妈妈说，全家每次外出旅行都是孩子做攻略。大致流程是：共同商定目的地——孩子搜集资料——孩子规划路线——各自整理随行物品。当全家人到达目的地后，孩子做全家的向导。我觉得确实是个好主意！我们认为，在初中阶段孩子的人生观、价值观、世界观正在慢慢形成中，我们需要尊重孩子的想法，要注重言传身教。另外，如上一组所言，我们要学会放手，让孩子有独立成长的空间。

师：感谢这组家长介绍的具体办法。教育家陶行知曾说："我要儿子自立立人，我自己就得自立立人。我要儿子自助助人，我自己就得自助助人。"父母是子女的第一位启蒙老师，我们对孩子要有耐心、要宽容，但也要让孩子为自己的粗心、错误"买单"。处于青春期的孩子是非辨别能力较弱，在成长过程中难免犯错，但每一次犯错都是难得的教育契机。所以，不要过于担心孩子犯错。最后，我们有请第四组。

第四组发言人：我们组经过热烈的讨论，罗列了一些方法。一是家庭成员要分工明确，角色、责任分工清晰。二是要给孩子设定阶段性的努力目标，在约定的时间要一起分享目标达成情况，进行恰当的反馈，需要有仪式感。三是要善于抓住一些有利的时机和孩子分享成功的经验。比如，有一次我儿子数学考试考了 100 分，我们就请他总结这次考满分的原因，孩子就很自豪地进行了分享，反思了一些过去不良的习惯。此后他的自律性更好了。四是孩子居家学习需要有一个好的环境，这不是指要给他多么舒适的房间。恰恰相反，我家孩子一年级开始就在客厅写作业，我们在边上看看书。人在独处的时候容易自我放纵，孩子的自控力比成年人要差。不少孩子放学回家就躲进自己的房间，房门紧锁，完全不知道他在干什么。我提倡将客厅营造成孩子的书房，让孩子习惯父母的陪伴。

师：非常感谢这位家长的分享，特别是她提倡"将客厅营造成孩子的书房"，这需要智慧也需要勇气。孩子在客厅，父母的言行自然需要谨慎，电视不能看，游戏不能打，手机不能多刷，否则你怎么做表率？希望有更多家长尝试这样的做法。

最后想和大家说的是，有很多教育图书也可以帮我们更好地掌握教育技巧，比如《我的事业是父亲》《傅雷家书》《哈佛家训》等。近两年很热门的电影《无问西东》《红海行动》《流浪地球》《摔跤吧，爸爸》《狮子王》等很精彩，也很有教育意义，大家不妨和孩子一起欣赏，让亲子时光不仅有甜蜜温馨，还有收获与感动。再次感谢大家的积极参与，谢谢！

辑 三

直面问题

第 *8* 课 一"网"情深待何如

授课人：苏志芳

对象：初一年级家长

背景分析

在这个信息爆炸的时代，我们已经离不开互联网。通过网络，我们可以足不出户地了解全球资讯，或者购物、订餐、买机票等等。网络在提高了工作效率的同时改变了我们的生活方式。同样，在学习方面，学生既可以享受传统课堂的学习方式，也可以通过网络名师课堂随时随地满足个性化的需求。

随着智能手机的普及和网络资费的降低，人们使用手机上网愈发成为一种趋势。手机曾经被广泛认可为继报纸、广播、电视、网络后的"第五媒体"，现在已经一跃成为"第一媒体"，拥有越来越多的用户。根据中国互联网络信息中心最新发布的《中国互联网络发展状况统计报告》，截至2020年3月，我国网络用户规模达9.04亿，其中以手机为上网终端者有8.97亿，占比高达99.2%。在这个群体中，26.9%的用户为学生。

对广大中学生来说，网络是一把双刃剑。他们可以通过网络增长知识、开阔视野、获取更多学习资源，也可能沉溺于网络无法自拔，浪费时间和金钱。如何让青少年做好自我保护、绿色上网，这是家庭、学校和社会共同关注的热点问题。

中学生偏爱手机上网，是因为它打破了使用电脑的时间和空间的限制。从大数据分析看，目前中生的一"网"情深主要表现在两个方面：一是手机社交软件使用成瘾，他们在社交软件上浪费大量时间，比起面对面沟通来他们更乐于网络沟通；二是沉迷"手游"，手机成为他们最贴身的伙伴与玩具。此外，孩子们看直播、打赏主播、游戏充值拼装备等也时有所闻，由此引发的亲子关系问题常见诸报端。

过于频繁地使用手机还会导致其他健康问题。国际上从事辐射微波研究的权威专家指出，手机在发射微波的同时也存在"极低频磁场"。英国专家经过长时间的研究后发现，手机电磁场会大大地削弱青少年的免疫系统。韩国高丽大学的神经放射学教授 Hyung Suk Seo 发现，"网络成瘾"的青少年大脑中的化学物质不平衡，这种不平衡与经历焦虑和抑郁症的人相似。《江苏理工学院学报》2017 年 12 月刊载兰月秋的论文《手机辐射的危害及相关机制研究进展》，详细论述了手机辐射对大脑、生殖系统、视力、免疫系统及造血系统可能带来的损伤。

家庭是初中学生最重要的生活场所与手机使用地点，要解决他们对网络的依赖问题，父母要承担更多的责任。本节课就和家长一起探讨如何应对初中生的网络依赖问题，并帮助他们学会引导孩子正确使用网络。

授课目标

（1）了解学生网络使用问题的现状和成因。
（2）讨论分析应对策略，降低父母焦虑。
（3）探讨引导孩子正确使用网络的方法。

课例实录

1. 说到手机有苦经

师：大家好，欢迎大家来参加今天的家长课。我是今天话题的主持人，同时也是一名初一孩子的妈妈，可以说是一个我们共同感兴趣的话题让我们走到一起了。我们的小规则是：手机静音、积极投入，大家可以遵守吗？

我们先来看一个来自美国的视频，题目是《我们正沦为手机的"奴隶"》。

（视频解说词）只要身边有手机，我们便不再需要他人的陪伴。人们的社交方式也发生了翻天覆地的变化。例如：边吃饭边聊天曾被视为不好的习惯，如今这种场面在餐桌上早已司空见惯；在电影院大厅或是在葬礼上打电话，也不会再被千夫所指——谁没有过那么一两次；甚至现在连结婚请柬都流行用手机直接发彩信了！手机的便利与丰富"内涵"，的确令人上瘾。

神经学家及睡眠研究专家称："神经影像学的各项研究显示，整天用手机屏幕的光将脑部的那块区域照亮，也会像服用海洛因那样上瘾。"有数据显示，目前世界上至少有70%的人拥有手机，而在美国，每天就会有两百万亿条短信在交流；42%的美国人会用手机来消遣；44%的美国人用手机上网；54%的美国手机用户会用手机向他人发送图片或是视频；29%的人的手机在一段时间内会关机，仅仅为了休息片刻；还有13%的美国人在用手机逃避各种不喜欢的社交。

而最近的一项调查显示，手机使得年轻人的思维更容易脱离现实，因为他们大部分的时间都花在编辑短信或是在手机上聊天、玩游戏，根本没有时间花在书本、运动或者与大自然的交流中。

手机带来的副作用远不止于占用了我们过多的时间，还包括帕金森病、心脏病、脑瘤、癌症、高血压、头疼及疲劳性记忆力下降甚至失忆等问题……我们正在沦为"手机的奴隶"，依赖它且深陷其中。这不免让人怀疑，手机带来的正面效益是否真的大于它带来的负面作用？又或者，我们是否应该在扬长避短这个问题上，再下多点工夫？

师：手机影响了多数人的生活方式，由此产生的困扰也不只局限于孩子。大家都知道，普及于上世纪90年代的手机在一开始主要功能是通讯，随着现代科技的不断进步，手机功能慢慢变得非常强大，微信、QQ等社交软件拉近了人们之间的距离，信息传输方便快捷可谓咫尺天涯；支付宝、微信扫描二维码就可以实现购物、转账等支付功能。如今，一部手机可以让我们轻松搞定衣食住行。所以有人重新定义了安全感，那就是：汽车有油，手机有电，账户有钱。也有人重新改写了马斯洛的需要层次理论，除了满足生理、安全、社交、尊重需要外，最底层还要添加网络的需要。（众人笑）的确如此，不知道什么时候开始，网络变得越来越重要了，商场、餐厅等公共场所都会提供无线上网的服务。

这是一个最好的时代，因为智能手机无所不能；这是一个最坏的时代，因为智能手机无处不在。手机使我们成了低头族。只要一有空，很多人都下意识地掏出手机，埋头专注于网络世界，看新闻、聊天、上抖音或者购物，甚至刷朋友圈也成了每天必做的功课。

今天我们主要讨论有关初中学生沉湎于手机上网的问题。先来做个小调查吧！经常会有家长反映说自己的孩子特别喜欢玩手机，花的时间特别多，影响了学习，也影响了亲子关系。那么，在你的生活中是否也有这样的情况？请大家在心里面做一个 0 ~ 10 分的自我评估，0 分是绝对没有困扰，10 分是困扰非常严重。你觉得你的困扰有几分呢？请 5 分及以上的家长请举手。哇！目测也有三分之二以上哦。哪位家长愿意向我们说说心中的苦恼吗？

家长 1：打 10 分有点夸张，但打 8 分肯定有点保守了。我儿子从五年级开始喜欢玩手机，到六年级的时候用压岁钱买了一台。平时上学是不敢带着，但周末与假期一直是插着耳机抱着手机。他喜欢打游戏，还约小朋友一起联手打。最可怕的是去年暑假，因为没有作业也没有学习任务，人家的孩子在忙着初小衔接，他却忙着约人闯关。节假日不用说影响学习了，连正常吃饭与睡觉都有问题，上桌吃两口就说饱了。我是真想给砸了，可是一收掉他的手机，他就像傻子一样闷坐、流泪，有点让人担心！如果说手机是鸦片，感觉他已经中毒很深了。

家长 2：我觉得可以打 7 分。我们家女儿也是从去年暑假开始迷上手机的。她小学的时候成绩还不错，假期里她对我说自己快是中学生了，同学们也都有手机，希望给她买一个。刚开始的时候还好，主要是用手机听听音乐，慢慢就开始与同学们加好友微信聊天。现在感觉有点失控，一是到家后手机放不下，二是晚上经常关灯了还在聊天。今天我过来也是特别想听听老师的建议。

家长3：我家儿子上小学时老喜欢拿我的手机打游戏，但上中学时有了不少变化。一方面他感觉打游戏也没有太多意思，手机用多了带来视力问题；另一方面他也不太喜欢刷微信，所以总体上说来他不特别迷手机。孩子的成绩不是太好，数学是最差的。写作业的时候，他爱把手机放在边上，到网上找现成的答案。我批评他抄袭，他还说只是参考一下，因为网上答案也有错的。我给自己打6分！

师：好的，谢谢大家的分享。家家有本难念的经，而说到手机就更是大家的苦经了！几位家长都提到进入初中后孩子与手机关系的变化，恰好表明现在正是有效干预的恰当时候。

手机对孩子们的吸引可能是从小就开始了。有的父母懒得管孩子，乐于开发"电子保姆"。手机上看看动画片，可以让孩子安静下来。上学后，学生通常禁带手机，但学校组织社会实践活动时可以例外。我们老师感觉那一天对孩子有了更特别的意义，几乎每人手捧一台手机！手机渗入了初中生的日常学习生活：讨论交流用手机，查阅资料用手机，运动打卡用手机，娱乐游戏用手机……最可怕的是，有的同学遇到不会做的难题也是用手机找"度娘"。不夸张地说，给孩子一部手机，如果不加任何限定的话，那大部分孩子会是上课玩、下课玩、自习玩、走路玩、吃饭玩、睡觉玩……难怪有人说世界上最遥远的距离，不是生与死的距离，而是我在你身边，你却在玩手机。初中生的自控力不好，如果迷上手机游戏，很容易导致学业成绩下降、负面情绪困扰、亲子沟通不良等问题。二十年间，"网络成瘾"的主要终端已经从网吧电脑、家用电脑转移到手机。

"网络成瘾"是社会普遍关注的话题。最先提出相关诊断标准的美国心理学家金伯利·杨。她认为，网瘾是已知的"冲动控制障碍症"在网络使用者身上的体现。美国的精神科医生伊万·戈登伯格认为网络成瘾实际上就是对网络的过度使用、滥用与病理性使用。网瘾形成的心理原因一般是因为网络具有匿名性、虚拟性，无需提供真实信息，个人责任感降低，人们会更愿意在网络上暴露内心的想法和做法，预演实际生活中不可能的行为。同时，网络的方便性满足了个体对学习、娱乐、人际交往、成就感、自主等的需求。真是一把"双刃剑"引发的大问题！

那么，你的孩子是否网络成瘾？大家可以对照一下以下七项指标：

（1）是否经常想着网络上的事情？

（2）是否很难控制上网的冲动？

（3）是否期待有更多的自由上网时间？

（4）如果下决心不玩网游，是否因为产生不良情绪而坚持不了多久？

（5）是否经常超过计划的上网时间？

（6）是否有过为了上网想尽各种办法的时候？

（7）是否明知上网已引发身心问题但无法自我控制？

师：如果你的回答有五个"是"，并且已经持续三个月以上，孩子差不多可以确诊为网瘾。

2. 迷上手机有原因

师：任何一个时代的娱乐方式，都不可能不打上那个时代特定的烙印。在高速发展的信息社会，智能手机的功能延伸到生活的各个方面。成人离不开手机，孩子自然也不可能与之完全切割开来。对于孩子们来说，智能手机就是一个魔盒，既可以是学习的助手，也是放松减压的伙伴。如果内容选择与时间管理得当，通常不会产生什么不良影响。

不少成人认为不理解为什么孩子这么离不开手机，因为孩子们不可能像成人一样需要通讯与信息处理。美国著名心理学家、社会学习理论创始人阿尔伯特·班杜拉提出的社会学习论中有一个重要观点，那就是观察与模仿学习的重要性。班杜拉认为，儿童通过观察他们生活中重要人物的行为而习得社会行为，这些观察以心理表象或其他符号表征的形式储存在他们的大脑中，帮助他们模仿行为。孩子爱玩手机与父母无意识的示范有很大关系，用简单直白的话来讲，他们喜爱手机的态度，是父母在生活中不经意养成的。

成人都会使用手机，但沉迷其中成为"手机控"的并不太多。哪些人比较容易成瘾？基于心理需求的网络满足补偿论很有意思。人都有心理需求，有的在现实中得到很好的满足，有的则得不到。无法满足，但又有强烈的需求，自然会寻求替代的满足方式。当人们在网上所获得的心理需求满足远超其现实中所得时，就容易沉迷网络。成人如此，孩子也一样。网络成瘾的孩子中，要么学业成绩不太好，要么社交能力不太强。这些孩子得到的赞许少，或者身边的伙伴少，他们在现实中得不到情绪满足，但在一关又一关的游戏中可以得到成就感。

关于网络游戏让人上瘾的根源，"设计伦理学家"特里斯坦·哈里斯认为并非意志力缺乏，而在于"屏幕那边有数千人在努力工作，为的就是破坏你的自律"。行为上瘾由 6 种要素构成：可望而不可即的诱人目标；无法抵挡、无法预知的积极反馈；渐进式进步和改善的感觉；随着时间的推移越来越困难的任务；需要解决却又暂未解决的紧张感；强大的社会联系。游戏设计者们对数百万的用户运行了上千次检测，了解到哪些手法管用，什么颜色、字体、音调能最大化人们的参与，什么样限度的成就感和挫败感让人无法抵挡。他们就是根据上述要素和检测结果来设计游戏，让人沉迷其中，无法自拔。神经科学研究发现，当人沉湎于网络游戏时，大脑的运行模式会发生不少改变。下面我们来看一段视频。

（视频解说词）通常情况下人的前额叶功能运转的过程是这样的：当大脑接受信息刺激进行处理时，接收到来自前额叶的信号影响，做出理性的判断，进而控制杏仁核这个警钟是否该响起。玩游戏时，会刺激大脑分泌多巴胺，多巴胺是快乐因子，我们之所以快乐，就是多巴胺分泌的缘故。游戏会让大脑一下子产生大量的多巴胺。前额叶的脑波从平均水平3.5一下子冲到了10，就是下图中的小红豆一下子增加了。下面接受的小凹陷一旦充满，就打开回路，这样小豆豆们才能继续释放出来。但是，小豆豆实在太多了，于是大脑马上做出反应，本来额叶开通的几条高速公路就减少了一条。如果继续游戏，通道会继续关停，那么问题就产生了，也就是前额叶的工作效率持续下降，甚至功能受损。有人把前额叶功能受损形象地比喻为汽车的刹车片损坏。如果前额叶发育不全，这一区域皮层越来越薄，理性判断的功能自然丧失。大脑没有了刹车片，情绪失控就变得很自然。

这段视频是不是很有警示性？我们至少明白了为什么在玩游戏的人往往脾气变得暴躁了！

总之，我们已经更多了解了青少年手机与网络游戏戒瘾的危害，也分析了网络成瘾的主要原因。首先是个人因素，具有成瘾性人格特点的人更容易沉迷网络。其次是环境因素，主要是家庭、亲友等的影响。父母需要给孩子树立一个好的榜样。如果父母是"机不离身"，想要求孩子不玩手机，几乎是不可能的。初中学生也容易受到同伴影响，容易被伙伴们的习性所同化。最后是网络自身的特点。网络能给孩子提供海量信息，满足其好奇心。网络游戏中设计的及时激励、小目标设置等都能让孩子在游戏中获得成就感、满足感，从而激发孩子持续玩下去的兴致。

3. 理性处理有技巧

师： 前面我们讨论了孩子们面临的困境以及产生困境的原因。接下来我们一起来头脑风暴，谈一谈我们可以做些什么来帮孩子放下手机。特别希望自我评估得分在5分以下的父母更多地参与进来，分享一下自己的教育智慧。

家长4： 我觉得亲子关系很重要。成年人什么时候玩手机？一般都在自己相对空闲的时候，比如乘地铁、等公交的时候。闲着也闲着，顺便聊天、看资讯来打发时间。在家里我一般是帮女儿做好时间安排。除了吃饭、看书、写作业，我也会和女儿一起玩玩，散步、逛街，顺便听她说说学校里的事。她挺开心的，我也可以更多地了解她。

家长 5： 我也是觉得多陪孩子很有效，让孩子感觉没有无聊的时光。我们家有个每周一次的环湖漫步的习惯，走一圈三四个小时。金鸡湖人行步道特别漂亮，我们有时候走到商业广场，去逛一下、吃一点，然后再走回来。时间、行程都由孩子计划，他很乐意，也很有成就感。

家长 6： 我们在周末也是会一起外出吃个家庭餐。大家说好都不看手机，吃饭的时候谁看手机就罚谁的款……她爸爸被罚的多，因为有一些商务上的信息沟通，这样全家养成了使用手机的好习惯。

师： 这几位家长给了我不少启发，就是用家庭的温暖来驱散孩子可能出现的孤独、无聊。一家人一起活动，运动、远足或是吃大餐，自然给孩子带来情绪满足感！大家还有其他方面的建议吗？

家长 7： 我的建议是带孩子去做义工。我们几个同事家庭组织了去本市或外地的特殊学校送关爱的活动，效果挺不错的。孩子们习惯了日复一日的城市生活，有时误将平静、安宁当作空虚。当他们面对面接触到有弱听、弱视或其他障碍的同龄人，了解到人世间有很多不幸的事在困扰人们，就会更加珍惜自己现在所拥有的一切。在做义工的过程中，孩子可以展现自己的爱心与正能量，为自己能帮助别人而自豪。我儿子就曾经感叹说，自己平常忽视了很多看似平凡而珍贵的东西，比如阳光、空气、友情、亲情、健康等。

家长 8： 孩子在小学高年级的时候，不太愿意与我们讲话。她认为爸爸武断得有点自恋、妈妈太啰嗦而且讲话不得要领，与她没有共同语言。后来我们接受了一位朋友的建议，坚持尝试每周一次的"今天我说话"活动，主要是让孩子有专门的机会对父母的言行做出点评。孩子可以说说他认为父母事情处理得不对的地方，也会说明批评的理由与依据。一般来说，孩子平时没有机会说心里话，讲完后心情就好多了。这个活动需要我们耐心、认真地倾听孩子内心的声音，不可以对他的批评加以反驳，更不允许态度蛮横。当然，做父母的也可以有自我辩护的陈述，但不要将自己的观点强加给孩子。大概坚持了有一年，后来孩子主动要求取消了，因为我们家的亲子关系明显得到了改善，彼此之间也更能换位思考与相互理解了。这个方法不一定适合每个孩子，也不是专门针对手机控的，仅供大家参考。

师： 非常感谢这两位家长。前者主要介绍了让孩子更好认识自我的方法，后者是谈如何让一家人走得更近。这些其实都是避免将孩子推向孤独、推向游戏的好做法。人多力量大，这些理念与技巧很值得其他家长借鉴！

孩子一天天长大，他们在生活中将慢慢学会独立思考与判断。手机也好，网络也罢，它们毕竟不是毒品或鸦片，我们并不是要求孩子们拒绝电子产品，而是要更好地使用它们。所以，在亲子沟通顺畅与家庭关系良好的前提下，我们需要与孩子达成约定、形成默契。不少教育学者和社会各界人士都非常关心孩子合理使用手机的问题，他们建议学校对学生使用手机、平板电脑加以必要的限制。现在很多学校规定禁止学生携带智能手机等电子设备到学校。那么在家庭中，我们如何与孩子做好使用手机或网络的约定呢？一位美国母亲对13岁儿子格雷戈里使用手机提出了明确的规则，值得大家借鉴参考，请看视频。

亲爱的格雷戈里：

现在你已经骄傲地拥有一部手机了。太棒了！你是一个优秀的、有责任心的13岁男孩，理应得到这份礼物。不过在接受这份礼物的同时，你还得遵守一些规章制度。

请把下面的使用合约从头至尾读一遍。我希望你能明白，我的职责是把你培养成一个全面发展、身心健康、对社会有益的年轻人，从而能够适应新技术且不被其左右。

如果你没能遵守下列约定，我将终止你对这部手机的所有权。

第一，这是我的手机，我付钱买的。我现在把它借给你用了，我是不是很棒？

第二，手机密码必须要让我知道。

第三，如果电话铃声响了，就一定要接听，因为这是一部电话。接起电话要礼貌地说"你好"。永远不要因为来电显示是"妈妈"或者"爸爸"就故意不接，这绝对不可以。

第四，周一至周五晚上7：30，周末晚上9：00，准时把手机交给我或你父亲。我们会将手机关机，到第二天早上7：30再开机。

第五，手机不能带到学校。你要学会与那些你用短信联系的人面对面地聊，因为这是一种生活技能。如果遇到只上半天课、外出参观学习以及有课外活动等情况，可另行考虑。

第六，如果手机掉进马桶、摔到地上或是不幸遗失，你得承担维修乃至重购的费用。你可以通过做家务、存零花钱或者生日礼金的方式来筹钱。这样的事难免发生，你应当做好准备。

第七，不要利用这个高科技产品说谎、愚弄或者欺骗他人。不要在电话里说一些伤害他人的话。要做一个善良的人，或者学会远离争端。

第八，远离色情内容。用手机上网时，只能搜索和浏览那些可以坦然与我分享的信息。如果你对任何事情有疑问，可以向他人咨询，当然最好是问我或者你父亲。

第九，在公共场合要把手机设成静音，并收起来放好，尤其是在餐厅、电影院或者与另一个人交谈的时候。你不是一个缺少教养的人，不要让手机改变这一点。

第十，不要发送或接收你或他人身体私密部位的图片。不要把这个忠告当成笑话，不要以为你很聪明，有一天也会被诱惑去做这样的事。这有很大的风险，可能会毁掉你中学、大学乃至成年后的生活。这样的事永远是个坏主意。网络空间浩瀚无边，其力量远比你想象的强大，你很难让任何诸如此类的大事不留痕迹，包括坏名声。

第十一，不要无休止地拍照和录像，没有必要把一切都记录下来。要用心体验生活，这些生活经历将会在你的记忆中永存。

第十二，有的时候可以不带手机出门，并且决定这么做时要心无挂碍，不要觉得不安。手机不是活物，也不是你身上多长出来的东西，要学会抛开手机生活。不要总是担心自己错过了什么，要让自己的内心更强大。

第十三，下载一些新潮的、古典的或者与众不同的音乐，不要像你的无数同龄人那样，全都听一模一样的歌。你们这一代人有着史上无人能及的便利条件，可以接触各种各样的音乐。好好利用这个优势来拓展你的眼界。

第十四，不要总盯着手机。抬起头来，留意你身边发生的事情，看看窗外，听听鸟鸣，散散步，和陌生人说说话。保持一颗好奇之心，不要总用谷歌寻找答案。

第十五，假设有一天你把生活搞得一团糟，那时我会收回你的手机。我们会坐下来谈心，然后再从头开始。你和我都在不断学习。我是站在你这边的"队友"，让我们共同面对。

最后，妈妈还想说：希望你能同意这些条款。以上所列举的大部分告诫，不仅仅适用于这部手机，也适用于你的生活。

师： 这位母亲对儿子使用手机提出的约定很细致，也很真诚，我第一次听的时候就被震撼到了！所以，我今天特意推荐给大家，家长可以与孩子分享、讨论，将它作为亲子交流的一项小任务。我会将这份约定打印并发给需要的家长，供您与孩子逐条讨论执行的必要性与可行性。这不仅是使用手机与网络的说明，也是帮助孩子独立思考、表达自我的好机会。在任何时候，避害趋利、化弊为利都是上上之道。

美国前总统奥巴马曾提出将游戏变成下一代美国人学习方法的建议，也就是将枯燥的知识技能与魅力无穷的游戏结合起来。2009 年，纽约新学校"学之远征"（Quest to Learn）就尝试把学习进行游戏化改编。游戏化研究员检验了 100 多个游戏化案例，发现有三个共同元素是游戏成功的内核：分数、徽章和排行榜。若是在学习、生活中有效利用这三个元素就可以激发孩子们的兴趣和热情。

目前，我们学校也在尝试运用游戏设计的理念来进行学校管理和教学策划。比如，德育处正在研究基于学生自主发展视角的德育评价制度，就是希望把学生每天的行动和其获得的行为分数、勋章及学校激励结合起来，进而引导学生往恰当的方向发展；学校还筹划成立学术委员会，为学生学科学习设立可视化的进阶标准。我们区教育局研究开发的易加平台，也是通过大数据对不同学力、不同达成度的孩子的学业进行分析，从而指导教师给学生匹配恰当的有挑战性的学习任务作为激励。信息技术给了学校和老师"点铁成金"的机会，当然需要我们不断的、共同的努力。

4. 问题解决有信心

师：在分析中解决问题，在分享中找到信心。今天从大家表达困惑开始，到共同面对困惑再寻求突破，一起探索脱困之道。接下来的现场讨论，我们先回到最初的三位家长的"苦经"。请问几位，刚才讲的内容，对你们有启发吗？

家长1：刚才老师讲到有两点让我触动很大。第一是美国妈妈把手机给孩子前，定了具体的规则。反思我本人，在把手机给孩子前，没有提出明确要求。我预料到可能发生的不良后果，但没有事先做出相应的规则进行约束，这是有责任的。第二，我之前一直认为是孩子意志力不行，就是不能下狠心不玩手机。现在我知道了，不仅仅是孩子的问题，游戏开发者早就研究透了玩者的心理，就是要让人欲罢不能。我一直担心孩子是不是网络成瘾，老师讲七项指标的时候，我逐条进行了对照，应当说心里的石头落下了！孩子有问题，但还没有完全失控，起码目前正常上学时间是在可控范围内的。作为家长，以后更要多学习，也要多参与到这样的活动中来。

家长2：刚刚听了其他家长说的一些方法，我很受启发，特意记录了几个，比如环金鸡湖远足，家庭聚餐谁看手机谁罚款，同事间组织家庭聚会等。我家孩子本来就喜欢吃和玩，接下来我多带她做点她感兴趣的事情。现在我明白了，孩子躲在被窝里用微信聊天，其实主要是心里觉得孤单。也许我可以让她邀请同学到家里来玩，面对面交流，肯定比在网上交流好。感谢老师，感谢大家，现在我心里有谱了，也有信心了，知道回去怎么做了。

家长3：我孩子对手机本来就不是很迷恋，我担心的是孩子抄数学答案。刚才听到把学习进行游戏化改编，我觉得很有意思，我回去要和孩子一起商量商量，怎样把数学作业改编成闯关游戏之类，借鉴游戏积分制度，看他的学习兴趣会不会高一点。我也不能老盯着问题看，要向其他家长学习，他们的一些做法也很好，劳逸结合，孩子有了好情绪，做事效率也会高。

师：很感谢这三位家长的及时反馈，这就是我们聚在一起开家长课的目的，那就是集思广益去分析与解决问题。当彼此碰撞出思维火花时，就更有方向，有更多方法。（家长们点头）

对同一件事情，从不同的角度会有不同的看法。大家可以讨论一下，关于孩子迷上手机这件事，除了带给我们困扰外，有没有带来其他方面的启发和思考？

家长9：初中生学习很辛苦，周末与假期也忙着补课，能和同学凑在一起玩的时间很有限，手机能让孩子适当放松放松，可以获取很多信息，可以听音乐放松，可以发个朋友圈，和朋友互动……

家长10：我觉得，孩子不愿意和父母当面聊，却愿意捧着手机和同学微信聊天，甚至找陌生人聊，这其实是传递出一个信号：我要离爸爸妈妈稍微远一点，我想了解外面的事。这至少说明孩子想独立自主。

家长11（举手插话）：是的，还说明孩子不想和父母多说话。在我们家，父子要么说不到几句就没话可说了，要么说着说着就吵起来了。这是在提醒我们亲子关系出现了问题，我们需要反思平时与孩子的沟通方式。

家长12：非常开心能参加这个主题家长课，这个话题是我十分感兴趣的，因为我们觉得孩子玩手机玩得有点过火了。看到身边的、网上的那种玩手机导致不良后果的例子，我就不断去联想自己的孩子会不会这样？我也担心现在中考压力这么大，如果孩子一直玩手机而成绩下降了，考不上高中怎么办？很多时候，是我们自己很焦虑，只要看到孩子碰手机就情绪不好，恨不得他把所有时间都花在学习上。其实手机也就是个"背锅侠"而已，孩子不玩手机也可能迷上别的！这提醒我们，真正要处理的是父母内心的焦虑。

师：是啊！所以表面上看起来是手机问题，实际还是孩子如何自我发展、家长如何调整心态、亲子之间如何沟通的问题。

孩子需要自己的成长空间。在婴儿阶段，孩子是完全离不开我们；在幼儿园和小学中、低年级时，孩子们对我们父母仍然有很深的情感依赖；当他们一天天长大进入青春期的时候，他们的自我意识增强了，开始渴望摆脱父母的控制而走向独立。这是人的生理与心理发展过程中的必然"蜕变"。可是，当他们开始关上自己的房间门，甚至贴张纸条"不要管我"或是"先敲门再进入"，家长们就不淡定了，感觉孩子是在关上心门，拒绝父母。其实，这是孩子成长过程中的自我探索，对这个过程家长要给予理解，不必焦虑。也许，探索往往意味着走弯路，会伴随各种波动与不确定，也可能伴随一定的风险。父母在关心与关注的同时，仍要学会适时放手。

那么，不敢放手的父母与想要独立的孩子如何交流？我来介绍一个比较有效的亲子沟通模式。遇到对孩子状况不理解，你要做的第一步是告诉自己要接受，也就是目前孩子这样的情况是正常的。比如，当孩子手里拿着手机，口头答应你马上收起来，却又迟迟不收，你自然会感觉很生气。血往头上涌，脾气开始收不住，你知道自己在生气了。但是你要做的是努力让自己冷静下来。慢慢数 10 秒，还是很生气，就继续数到 30。实在是冷静不下来，去小区里兜一圈再回来。因为你发火无济于事，就是再生气，问题也摆在那里不会改变。

第二步是告诉自己要有同理心。同理心是个心理学概念，英文为empathy，可以理解为"设身处地理解""感情移入"等，泛指心理换位、将心比心。也就是说我们要设身处地对他人的情绪有觉知、把握与理解。

你要真的将自己当成孩子本人，从内心去描述感受和情绪，去表达不愿意配合的理由。当父母在生孩子的气，孩子其实也在生气：你为什么总要收我手机？你可以心平气和地走过去，客观地描述自己对孩子感受的认知，承认他有委屈的地方。你可以让他自己评估一下，他生气、委屈甚至愤怒的程度，因为这样孩子容易对自己的情绪有更清晰的了解。情绪本身没有错，你能够比较恰当地帮助他描述情绪，孩子会觉得原来父母是比较理解我的，接下来解决问题就会容易些。

第三步是告诉自己可以重新来一次。假设有台时光机，让你回到问题开始的时候，你觉得有没有其他的处理方式呢？可以采取哪些措施预防问题的出现？通常复盘的过程就是自省的过程，能帮你找到更多有效的方法。

最后，我想说有焦虑心态的家长并不少，不过，手机毕竟不是手雷，而是我们必须学会好好利用的工具。可以肯定的是，玩手机与成绩下降没有必然联系，因为在 30 年前没有手机的年代，孩子们的成绩照样有好有差。可能我们眼里只看到手机，手机掩盖了其他问题。今天的讨论与交流让我们有了更多的理解，也得到了不少有益的启发，希望家长们对手机问题的困扰能变少一些。再次感谢大家参加今天的活动！

第 9 课　青春期不是叛逆期

授课人：孙强华

对象：初一、二年级家长

背景分析

　　"青春期"一词的出现，可以追溯至美国心理学家斯坦利·霍尔的研究（《青春期》，1904 年），他认为青春期是充满犹豫不决和矛盾情绪的过渡阶段，个体既要努力适应自己身体内在的变化，又要贴近成人世界的外在规范和要求。代际之间容易产生冲突，冲突过程中青少年的表现被视为"青春期叛逆"。

　　德国心理学家斯普兰格在其 1924 年出版的《青少年期心理学》中，将"青春期叛逆"比作"第二次诞生"，旨在描述青少年阶段自我意识的发展。"叛逆"心理是主体在自我的心理需求与客观的心理环境相悖时产生的一种带有强烈对抗色彩的心理状态及倾向，它是孩子身体发育和自我意识萌芽的标志。

　　随着个体知识的积累以及同龄人的影响，初中生渴望自主、要求独立言行的欲望不断增强，如果他人违背其意愿或者不支持其主张、计划，他们很容易产生抵触心理或反抗行为。正如奥地利心理学家阿德勒所说，"对每个孩子而言，青春期中最重要的一件事就是他必须证明他已经不再是个孩子了。假如他觉得他一定要证明它，他当然会过分强调他的立场。"叛逆心理是初中生要求自立、自主的一种表现，但过度表现容易导致固执和焦虑，产生对他人的怀疑与偏见甚至敌意，不利于人际关系的发展，长久下去还会造成性格孤僻和心理失衡，严重影响良好的性格形成和个人发展。

由中学生叛逆行为引发的社会问题越来越多，我们该如何与这些正处于人生中迷茫时期的孩子打交道呢？虽然并非所有孩子在青春期都有叛逆表现，但总体而言，叛逆是青春期的心理特征之一。家长有必要了解：叛逆心理发生的根源是什么？叛逆心理对于孩子有哪些积极的和消极的影响？对待叛逆心理，家长应持有怎样的人文关怀？在家庭教育中可以采取怎样的对策去应对青春期孩子的叛逆行为？家长应该了解正确的教育理念，运用心理学知识去理解孩子，帮助孩子顺利应付青春期的问题，达到健康成长的目的。

授课目标

（1）了解青春期孩子的心理特点，知道青春期叛逆心理形成的原因。

（2）帮助家长正确认识青春期孩子的逆反表现，学会正确地应对孩子的逆反行为，帮助孩子顺利度过青春期。

课例实录

1. 众说纷纭话"叛逆"

师：欢迎大家来到我们的家长课堂。在 2019 年下半年，我们不断听到一些有关初中生问题的新闻。

10 月 17 日早晨，滨海县某中学初二女生姜某某到校后因有违纪行为被班主任发现。班主任当场打电话叫来家长，并对她进行了严肃批评。小姜一气之下冲出校门，学校与家人紧急组织寻找但没有结果，并于当晚 10 点报警。10 月 22 日，有渔民在通榆河内发现一具尸体。家人接到消息后赴现场确认正是小姜，已经溺水死亡。

10月24日，四川省眉山市仁寿县某初中15岁的男生颜某在教室殴打老师的视频被传上网络。视频显示，在12时21分左右，一名男性老师从后门进入教室，准备将手中的雨伞撑开放在地上，颜某紧随其后用砖头从后面击打老师头部9次，致使该老师倒地不起，送入医院急救，一直未苏醒。

在遵守纪律方面，女生小姜与男生小颜都有过错。出事的导火线都是当天班主任对其行为的管教。小姜那天早晨在校门外抽烟，小颜上午课后在校内骑自行车，都是被班主任撞见并进行了批评。然后他们都很冲动，不同的是女生选择了伤害自己，而男生选择了报复老师。结果都令人痛心！我特意浏览了新闻下面的网友点评，其中有一句印象很深："抽烟这种事情也没啥，过了那段叛逆期就好了。当年我们读初中的时候也做过不少违规的事，老师看不到也就过来了。如果老师看到了也不可能不管啊！"

刚刚说的是两名"问题"学生，接下来是关于两名相对乖巧的初二女生的案例，都发生在苏州的学校，离我们非常近。10月22日下午，某校女生小刘因学业成绩原因，在班主任办公室被到校进行交流的父亲训斥。放学后，小刘回到所在的小区，独自爬上所住单元的楼顶，在留下遗书后坠楼身亡。12月15日晚，另一所学校的女生小叶在家中与母亲徐某因琐事发生争执。她在后半夜留下遗书后悄悄离开家，早晨被发现时已经坠楼身亡。据说她还是班级生活委员和物理课代表，平时性格文静，与人关系融洽。聊起这事，家长们大都感叹现在的孩子太脆弱了，像玻璃心一样，简直惹不起。别说是打，就是说几句稍微过分的话都受不了，动不动就发脾气甚至以死相逼、离家出走。这几年类似的事件真的不少，亲子关系紧张，弄得家人跟仇人一样。

有人说，"家里有个初中生，等于埋藏了一枚定时炸弹，不知道什么时候会炸得你尸骨无存！"显然是有点夸张，但也表明了家长们对这个时期孩子们生理与心理巨变的警觉。虽然刚刚说的案例属于极个别现象，但易怒、冲动、脆弱等个性特征，的确在许多青春期孩子身上都有所表现。美国有研究表明，青少年犯罪率在 13 岁时急剧上升，在 18 岁达到顶峰，然后开始回落。那么，这个特殊的时期究竟发生了什么？为什么会形成"定时炸弹"？所有线索最后都会指向一个关键词：叛逆期。

什么是叛逆期？叛逆期也称"狂躁期""困难期"，是指青少年独立意识和自我意识日益增强，迫切希望摆脱成人（尤其是父母）的监护的心理过渡期。他们反对父母继续把自己当孩子，为了表现自己的"非凡"，对任何事都倾向于批判的态度。叛逆心理不能等同于问题心理，但它在过激时无疑是一种反常心理。叛逆期的高峰年龄为 14 岁左右，也就是初一至初二年级学生居多，而且是学习成绩越差的群体越容易叛逆。

父母是孩子的第一任老师，也是孩子成长的守护者，引导和教育好孩子是父母最重要的责任。今天我们的家长课主要探讨青春期叛逆心理的话题，侧重讨论以下三个内容：

第一，发现问题——青春期叛逆心理的外在表现；

第二，分析问题——青春期叛逆心理的形成原因；

第三，解决问题——青春期叛逆心理的应对策略。

希望通过理论探讨与思维碰撞，能帮助家长朋友们正确认识孩子的青春期逆反心理特征，学会正确地处理问题，从而帮助孩子顺利度过青春期。

本课采用了混合型编班，所以在座的几十位家长来自不同班级甚至不同年级，既有初一的也有初二的。此外，一些对此话题有兴趣的班主任老师也在现场。首先让我们相互认识一下，不过彼此认识的方式不是自我介绍，而是相互"吐槽"——请大家用一两句话概括自己对孩子叛逆现象的认识。

家长 1：我是初一男生的家长。作为父亲，我观察到他从初一下学期开始有不少行为变化，让他做什么都不太配合，而是喜欢反着说、对着干。这样的情况已经持续了一阵子，所以我想听听老师和其他家长的建议。

师：好爸爸胜过好老师！这位爸爸很敏锐地发现了问题，并且及时介入，寻求解决之道，充分发挥爸爸的作用，给孩子的人生成长开了好头。谢谢！

家长2：我也是初一学生的家长。我可能是个不称职的妈妈，和儿子之间不仅有代沟，甚至还隔着无边无际的互联网。我不懂他的游戏，不懂他的"几次元"，不知道他什么时候会因为什么而"火山爆发"。每天我既要忍受与孩子可能出现激烈冲突的那种提心吊胆的状态，还要面对自己措手不及甚至束手无策的尴尬局面……

家长3：我有两个孩子，一儿一女，今年都在初二。以前放学回家，孩子都叽叽喳喳地对我说说学校、班级里的事情，从本学期初开始，两个孩子回家后就不爱和我聊了。儿子还装起深沉，成天一副不愿意和妈妈交流的样子。

家长4：我是一名初一学生的母亲。儿子刚上初一时，脾气性格还挺好的。到了下学期，他就像变了一个人，从温顺、乖巧变成了易怒、蛮横。我稍微说他两句就嫌唠叨，后面就难以沟通下去了。

师2：我是一名初二年级的班主任，参加工作才三年。应该说开始接手初一班级时还是比较轻松的，学生们都保持着小学时天真、可爱的特点，女生挺懂事，男生也听话。可一年后，他们的个子长了，心里的事儿也多了。跟他们说道理他们不耐烦，听厌了。对他们严厉一点，他们却表现得若无其事。我感觉越来越吃不透、管不住他们。我也是来向大家学习的！

家长5：我的孩子也在初二，成绩中等。初一的时候我习惯坐在孩子边上陪他写作业，有时还聊聊天。但现在他写作业的时候不让我进房间，说我影响他思考。感觉孩子离我们越来越远了，不知道他心里在想什么。

师：好的，每个组都有代表参与交流了，谢谢大家。刚刚几位所吐槽的叛逆现象只是显露在外的冰山一角。可以说，顺从的样子千篇一律，叛逆的状态风情万种！从法国启蒙思想家、教育家卢梭在《爱弥儿》中描述青春期孩子状态的话语中，我们能找到不少共鸣——

（PPT展示）现在他既不是一个小孩子，也不是一个大人，而且不能发出他们之中任何一个人的腔调。

性情大变，怒气频频爆发，思想烦乱不安，让这个孩子变得几乎难以管教。以前对他说话，他会乖乖服从，现在却充耳不闻了。他好像变成了一头发狂的狮子。他不再尊重他的老师，他再也不想受人管束了。

就像远处的一场风暴到来之前大海会发出轰轰隆隆的咆哮一样，高涨的欲念和强烈的感情也发出这样的低鸣，宣告着这场骚动即将来临。持续翻滚的暗流在警示我们，危险即将到来。

师： 通过这些文学化的语言，我们似乎看到了人类对青春期叛逆现象的共识：一个险象环生的神秘地带，一个与洪水猛兽为伍的恐怖时代，一群以易怒、冲动、冒险、盲目、偏激、攻击为特征的无畏少年……

看来，无论是过去还是现在，无论是东方还是西方，孩子在青春期所萌发的强烈的自主意识，以及可能带来的负面影响，都是大同小异的。如果对此处理不当，不仅影响亲子关系，而且会影响孩子对自我的认识和对未来的选择。当然东西方文化是不一样的，处理这个问题的方式也不尽相同。

西方传统文化比较重视个性、崇尚独立，父母亲对青春期孩子约定俗成的办法是做好"放手"的准备。在这个时期他们重点培养孩子的生活自理能力与人际交往能力，对其学业成绩反而关注甚少。孩子满十八岁后，他们大多会选择离开家人，去上班、上学。父母应尽的义务也已基本完成，对孩子当然不是一概不管，而是鼓励孩子自己选择未来生活的方式。因此，他们的亲子关系矛盾会少一些，彼此之间比较客气，说得通俗一点就是准备"好聚好散"了（众人笑）。在2010年度奥斯卡最佳影片奖提名作品《弱点》中，有一句台词特别有代表性。黛西太太最不喜欢田纳西大学，但当迈克尔表示准备选择田纳西大学时，她却说："我愿意你做任何你想做的事。这得你自己决定，因为这是你的生活。"

但中国父母就没有那么洒脱了。东方文明源于农耕文化，农业生产要靠集体。以血缘为纽带、以长辈为核心的家庭或家族是最稳定的集体。中国传统社会重视对长辈经验的传承，也重视个人对集体的服从和维护。中国父母常常对子女照顾有加，同时，也对他们当下的行为与未来的目标有所期待，所以，会有"棍棒底下出孝子""不打不成材"等俗语。这种严于管教的模式有它的道理，不过有点像下赌注：被严管的孩子可能会更加发奋上进，也可能被挫伤生活的主动性与创造力，甚至有可能造成"鸡飞蛋打"的恶果。所以，我们身边的亲子关系不良现象较西方国家更常见，而且在青春期冲突更为剧烈。

必须说明的是，文化没有优劣之分，只有历史与环境的选择。虽然在西方国家由于亲子关系恶化造成的悲剧不多，但青少年的问题行为并没有少发生。从这个意义上来说，选择"放手"或是"严管"不只是个理念问题，还是个技术问题。在全世界不断走向融合的数字经济时代，这个话题更值得我们去一步思考。

2. 换个角度看"叛逆"

师：讲到青春期的叛逆表现，许多家长会说，"孩子突然像变了个人一样，真难管"，而且还会感叹"一代不如一代"，因为在记忆中自己在青春期似乎是温顺的、自制的、懂事的。

不过，这都是站在成年人、教育者的角度去看问题。"青春期叛逆"成了初中孩子的群体标签，叛逆被视为青春期孩子的固有特征，这更多反映了不少家长对青少年群体的偏见。如果我们尝试换位思考、换角度观察，具体了解他们的成长环境与心路历程，就可能较好地理解他们的行为模式和心理需求。

回到前面初二女生小刘坠楼的案例。一个花季少女，学业成绩虽然不算太好，但绝对不差。如果一切正常，她未来可以考上一所高中，然后也有机会上大学、找工作。为什么仅因为她父亲当着班主任的面训斥或埋怨她几句，她就无法接受而且毅然决然地选择离开这个世界？有人说她太脆弱，有人说她太不懂事，甚至她的亲人也觉得她"太狠心"。小刘已经没有机会为自己辩解什么，如果我们了解她过去的经历，也许更能理解她内心的想法。

十多年前，小刘的父母从苏北农村来到苏州打工、安家。她母亲在家照顾她和年幼的弟弟，父亲则因为工作原因经常要在苏州和上海之间来回奔波。他经常对女儿说，妈妈专职照顾你们，爸爸为了赚钱养家、还房贷，每天都非常辛苦。我们这么辛苦，就是为了你将来有出息！你不好好读书考大学，就对不起我们。类似的话，他应该说过很多遍。但是在那天下午，他在老师的办公室再次声泪俱下地诉说时，也许小刘突然感觉读懂了爸爸的意思。她在遗书中说，自己不怪父母，也不怪老师。只是再努力也不可能成为你们想要的样子，将来也很难报答你们的付出。自己离开这个世界，至少你们少了一份负担，可以让你们过得舒心一些，不至于为女儿活得那么辛苦……

以上是知情人的转述，不一定完全准确，但我们大致可以明白，父母在孩子眼中的样子与自己所认为的样子，是不一样的！当父母经常摆事实、讲道理去说明生活的不易与对孩子的期待时，孩子想到的可能是自己对家庭的拖累与自己模糊而暗淡的未来。她感受到的也许不是关爱而是苛求，对未来不是期待而是备感压力。当这种苛求与压力被孩子视为不堪承受之重时，他们可能会选择爆发，也可能会选择逃避。

有个心理学名词，叫同理心，也叫共情。它泛指心理换位、将心比心，也就是设身处地地去觉知、把握与理解他人的情绪和情感。有同理心者，可以更好地理解、预测别人的情感，并且能够将自己代入对方的处境，客观而冷静地去感知对方的感知，关心对方的需求。年龄相近、境遇相似的人容易产生同理心，而认知水平与处事方式与孩子完全不同的父母，往往很难对孩子有同理心。当然，这不是做不到，而主要是不愿意去做。父母亲通常相信自己判断的权威性，觉得没有必要去代入孩子们的思考方式和感情色彩进行思考和体验。相反，他们会对孩子苦口婆心地讲道理，希望孩子能理解父母。而这个时期孩子的大脑皮层还处于发育期，不太可能像成人一样理性地思考。我们对这样荒诞的场面可能习以为常：成人有能力感受孩子的需求但不屑于这么去做，却期待孩子能像成人一样思考。

那么，什么时候孩子才能真正理解父母？答案是：当长大成人甚至生儿育女时，我们才可能对父母当年的境遇有一定的理解。

问题又来了——为什么我们回忆中的自己在青春期是温顺的、自制的、懂事的呢？我觉得，一方面应该是大脑选择性记忆的原因。网络上有句流行语"今天再大的事到了明天就是小事，今年再大的事到了明年就是故事"，林则徐有句诗"谁道崤函千古险？回看只见一丸泥"，这些其实都包含了心理学、神经科学的道理。回忆过往，我们一般会忘记曾经的伤痛，在经历了风雨重见彩虹的时候，创伤的感觉已经变得遥远。

另一方面应该是社会超高速发展的原因。1987 年中国 GDP 突破 1 万亿元，2019 年已超过 99 万亿元。也就是说在过去的 32 年时间，经济总量增长了 90 多倍。这样的大背景下，青少年所处的自然环境、社会环境较其父母当年要复杂得多，升学、人际关系等压力也显著增大。有调查表明，近年来青春叛逆期呈现出问题峰值更早、孩子压力更大的特点。当然，有不少压力来源于父母、家庭的焦虑，这种焦虑在二十年前要少得多。

总之，我们可以从孩子的视角更多地认识他们的处境：他们的理性思考水平不可能与成年人一致，他们的身心压力远远大于从前！下面我们再进一步了解逆反心理产生的过程。请看一段专业人士的解说——

为什么青春期的孩子你越逼他，他越逆反呢？要弄清这个问题，我们先从情绪心理学角度看看环境刺激、情绪反应、认知过程与行为产生之间的关系模式。在这个模式中，环境刺激并非直接导致行为反应，而是激活某种情绪，由情绪来决定加工心理活动的方向，再通过认知加工选择行动方式。如当你认为这件事应该是这样，你就会以乐意的心态去面对，当你认为不应该是这样时，你就会以拒绝或与期望相反的行为方式去面对。这个"认为"的过程就是一个认知加工心理活动过程，"乐意的心态"就是情绪活动，情绪与认知是互为影响的，其模式为：

$$\text{情绪活动} \underset{\text{（改变、转移、发动）}}{\overset{\text{（发动、组织、干涉、破坏）}}{\rightleftarrows}} \text{认知心理活动过程} \overset{\text{（决定）}}{\longrightarrow} \text{行为反应}$$

通过以上模式可以看出青春期孩子逆反心理产生的主要过程及原因。首先，心理活动是环境刺激与行为反应之间的中介，是负载人的活动的精神支配力量，它制约着人的活动。情绪活动较心理活动更早发生。遇到事情时，情绪先被触发，而人的行为先天性"趋乐避苦"。如从新生儿时期起，情绪情感就介入生活，婴儿是靠自身的情绪反应及其与成人之间的交融适应着最初的生活岁月。他们随时发出情绪信号，借以反映他们的舒适或饥寒，父母对这些信息的理解和应答是儿童身心健康的保证。当孩子进入青春期时，他们利用快乐、爱、依恋、傲慢、自豪、痛苦、悲伤、羞怯、羞愧、愤怒、恐惧、焦虑、敌意等多种情绪表现来反映自己的心理需求。当这些情绪信号得不到接收理解和支持保护时，他们便采取极端的不成熟的方式来表达不满。这种行为造成与父母之间的隔阂和对立，青春期逆反便产生了。

其次，当父母对孩子进行管理、控制时，便形成了对孩子的环境刺激源。如果孩子能够理解且愿意接受，他们会产生积极反应并付诸行动，不会产生逆反行为；如果孩子不能理解或不愿意接受，当父母持续施压时，孩子产生的抵抗行为即逆反行为。

第三，人的认识活动是脑的功能，是脑在一定的情绪状态下进行的，情绪对认知起着驱动组织作用。情绪影响注意的集中、记忆的储存和提取，干扰或促进思维的加工。认知的全过程受着情绪维持或破坏的影响。

这段解说比较系统、形象地说明了叛逆心理的发生机制。在心理需求不被理解时，孩子会本能地采取极端方式表达不满，与父母之间产生隔阂和对立。神经科学研究表明，决定一个人行为模式的两大因素是理智与情感。在青春期，负责理性思维的大脑皮层还处于发展期，但负责处理情感问题的边缘系统已经基本成熟，因此导致年轻人易冲动冒险、缺乏计划性、易受影响。尚未发育成熟的额叶和过度敏感的愉悦中枢的共同作用的结果就是孩子们更容易被情绪所掌控。不过即使成年后，情绪仍然是认知活动的重要参与者，希望这一点能得到家长朋友们的关注。

没有人希望自己的孩子永远长不大，而自我意识的觉醒就是他们长大的标志。当孩子身体长高、变壮的同时，思想也开始慢慢成熟起来，童年时那种对父母的依赖逐渐减弱，他们喜欢发表个人见解，鲜明地表明自己的态度，希望自己独立做事情，甚至会做出一些惊人的事情。如果家长、老师们仍然将自己的意愿强加于他们，孩子就会通过"对着干"的方式来刷存在感。他们努力地采用各种方式来挣脱成人、社会的束缚和限制，在迷茫中坚定寻求真实的自我。主要表现为：

● 盲目否定——对父母与老师的正面教育，表现出不接受、不信任的逆反思维。例如先进榜样、成功人士、英雄人物的事迹无法唤起他们的激情，甚至适得其反。孩子们对榜样进行无端否定，以显示他们的与众不同。

● 情感对立——在情感态度上与父母、老师"对着干"。他们藐视权威、乐于挑衅，越是三令五申禁止的行为，便越想去尝试；课堂上插话起哄、嘲笑弱势成为乐趣；面对不喜欢的老师，他们吹毛求疵。

● 行为偏激——以不配合、不合群来表达反叛情绪。例如体育课上不愿意在班级前面单独做广播操等运动项目，或者用说谎、吹牛来掩饰自己，感觉"有面子"。

● 标新立异——过分强调自我。个性外向的孩子喜欢哗众取宠，引人注意；个性内向的孩子喜欢装酷扮深沉，表达莫名的忧伤，对规则消极地抵抗。

3. 联系生活解"叛逆"

家长6：这是我第一次尝试从孩子的角度、从专业的高度来看待他们成长中的困境。虽然我们曾经也是少年，也曾经有过离经叛道的迷茫，但作为父亲，我对孩子们内心所经历的东西缺乏理性认识，有些方面甚至连感性认识都没有。

家长7：是啊。老师刚刚关于这个话题的讲解，有三点内容给我启发很多：一是孩子不可能像成年人一样去思考，因为硬件上还不成熟；二是孩子们的境遇很不容易，因为竞争太激烈；三是叛逆心理其实是个中性词语，重点是趋利避祸！

师：非常感谢这两位家长朋友的反馈，概括性很强，确实一下子梳理出了我们前面所讨论内容的精华！叛逆心理的实质不是对抗与破坏，而是孩子由内而外的重构与建设。孩子在长大，在成熟，在开始独立思考，这本身就是父母期待的。造成对抗与破坏的根源是内在需求与外在环境的冲突、纷争的情绪化表达。总而言之，从社会环境的变化、家庭环境的营造到孩子从小的习性养成，我们都应关注，我们今天主要讲家庭教养方式的优化，这是化解叛逆心理的重要内容。

在大家的桌子上都有一张表格，请试着将家庭教育行为模式与孩子相应表现的因果关系连连看。

家庭教育行为模式	孩子的相应表现
对孩子批评过多	喜欢谴责别人
总是挑剔孩子	凡事喜欢抱怨
对孩子有敌意和强制	喜欢对抗
抓孩子的把柄，翻老账	胆小、羞怯
没有给孩子自主和思考的机会	不跟家长说心里话
对孩子总是失望，不能耐心鼓励	不辨是非
家庭没有宽容和温暖	很自卑
对孩子缺少接纳、认可和尊重	嫉妒、敏感、怕受伤
对孩子要求过高，他做不到	不喜欢自己
对孩子太溺爱，要什么给什么	不上进，不努力
没有教会孩子理解别人	很自私
经常轻视和打击孩子	不懂父母的苦心
替孩子做的事和决定太多	退缩、逃避、懒惰和依赖
给孩子的承诺家长没有做到	对没做到的事有很多理由

（家长们动笔做连连看，老师巡视、交流）

师：对子女所实施的教育和影响，与家长的教育理念、习惯行为、家庭的物质条件、教育氛围密不可分。可以说家庭教育对孩子的思维与行为模式起着潜移默化的影响。在刚刚的"连连看"中，我们也看到几种不良的家庭教育方式，如专制型、溺爱型、放任型。那么这几类方式的主要错误在哪儿？请大家根据屏幕上的类型开展自由讨论，过一会儿请几位代表做交流发言。

（家长讨论5分钟）

师：首先哪位来谈谈专制型教育？

家长8：专制型教育可能是绝大多数中国家长的做法，因为我们就是这样过来的嘛！（众人笑）父母认为孩子就应该听话，要事事顺从，不能忤逆。不听话就应该受到惩罚，轻者责备，重者打骂。现在回想起来，这是忽视了孩子的内心感受。现在人们的观念也在变化，专制型教育的效果不佳，这已经是共识了。

师：是的，在专制型家庭中，家长就好像是暴君，当孩子犯错或遇到问题，家长就是打骂批评，而不是帮助孩子想办法。孩子常常感到自己在家中毫无地位，自己的意见得不到尊重，也没有充分表达的机会。孩子在精神方面容易出现焦虑、孤僻及抑郁，有的变得唯唯诺诺，心理极其脆弱，还有的变得更加顽劣，长期的压抑使得他们的逆反心理增强，性情也变得更加冷漠。接下来请家长代表谈谈对溺爱型教育的认识。

家长9：我们这代人的孩子，多数是独生子女。孩子是家庭的中心，父母及双方的老人容易对孩子过分溺爱，致使孩子常以自我为中心，不顾及别人的感受，受不得一点委屈。在溺爱中长大的孩子，自尊心太强，意志力又太脆弱。当他们走进学校、走上社会，容易产生失落感，因为生活对每个人都是公平的。他们感觉受到忽视，孤独无助，这种心理压力会导致不良情绪。

师：我完全赞同。对孩子呵护太多，一味迁就并满足其物质需要，忽视对孩子行为方式的引导，往往对孩子独立性和责任感的形成带来负面影响，导致孩子懒惰、自私、任性、为所欲为的个性，容易在集体中与他人格格不入。接下来请家长点评放任型教育。

家长 10：放任型教育的家庭有特殊性，例如单亲家庭，或由老人照顾孩子等。主要表现为父母对子女不闻不问、放任自流，孩子则缺乏进取心。由于与父母缺乏感情交流，孩子缺少温暖和关爱，内心诉求常常得不到满足，可能形成易怒、冷漠、多疑的性格。如果孩子的叛逆情绪严重，或者交友不当，会产生严重的叛逆行为，甚至走上违法犯罪的道路。

师：是的，过于放任的教育，容易使孩子形成较强的冲动性、攻击性、不顺从、自傲、自狂、目中无人、自以为是的心理，使他们在青少年时期很容易产生不良行为问题。顺便说一下，美国心理学家鲍尔特温对家庭教养方式的分类，除了专制型、溺爱型和放任型外，还有一种民主型。这是一种比较理想的形态，父母能充分理解子女的兴趣和要求，能言传身教，引导子女自己做出选择和决定，对孩子表现出冷静的热情和有克制的关爱。民主型的教养方式对孩子的成长是最好的，也是最有效的。有的家长可能会问："老师，我们该怎么样才能成为一个民主型的家庭，怎么跟孩子沟通呢？"我的回答是——"凡事商量着办""有话好好说"。孩子虽然小，但在人格上与父母是平等的。

当然也有朋友会说，这些理论能否解决实际生活中的问题呢？例如，你不让他玩手机，他偏偏天天低头看手机，不给他手机就绝食；你禁止他谈恋爱，他偏偏放学就手牵手。也知道以前的教养方式、家庭氛围、亲子关系有问题，但已经来不及了，回不去了。作为父母，我们现在该怎么办呢？

相信这是很多朋友的困惑。在这里我提醒大家注意"禁果效应"。心理学把"不禁不为""愈禁愈为"的逆反现象称之为"禁果效应"。它指的是对某事物越是禁止反而会激发人们更强烈的了解欲望。在教育孩子方面，越是不让孩子接触了解的东西，它对孩子的吸引力越强。

家长 11：如果孩子就是不听父母的管教，您有没有好的建议？比如，女儿迷上了一部古装剧，天天要先看电视再写作业，而且写作业时心里还惦记女主角。这肯定会影响睡眠、影响学业。怎么办？

师：嗯……这的确是个问题。这个问题不完全属于今天的主题，但也与叛逆有点关系。我想借鉴《好父母教出好孩子》一书中的相关观点。作者为了搞好亲子关系，他将下面五句话写在提醒卡上，并称他读了 3 万 6千遍：

（1）从今天开始，我控制好自己的脾气

（2）父母不改变，孩子就不会改变

（3）我要和孩子一起建立规则

（4）我要和善，但要坚定

（5）马上行动，拒绝拖延

这几句话确实值得大家多读。第一句是主动弱化父母的管教地位，有话好好说。第二句要反思孩子爱追剧的原因是什么，可能是因为妈妈就爱追？或者是班上有同学对这部剧热捧？第三句最关键，与孩子平等协商订好"协议"。比如与孩子约定，可以看电视，但必须在完成所有学习任务之后才可以看，同时，不能影响正常作息。孩子也能理解，父母的要求是符合情理的。如果电视是晚上 8 点到 9 点半，她就应当在 8 点前写完作业。这是条件，父母的态度要坚定。另外，如果我是你，我可能会考虑给她买本同名小说（如果有的话），让她周末看看。总之不要一口拒绝，有事好商量！

"禁果效应"也不是贬义的，它也可帮助孩子养成良好的习性。有个经典的故事，我介绍一下。

著名文学家苏轼和苏辙小时候非常顽皮，不肯读书。为了让他们喜欢读书，他们的父亲苏洵发现晓之以理作用不大，就设计了一个"魔法"：每当孩子们玩耍的时候，他就躲在旮旯里读书。孩子们一来，他就故意把书藏起来。父亲"偷偷摸摸"的举动让孩子们好奇不已。他们猜想，一定是什么特别的好书！趁父母不在家时，他们常把书"偷"出来读。日复一日，读书竟成了苏轼和苏辙的乐趣。后来，苏轼、苏辙与父亲苏洵合称"三苏"，被列入"唐宋八大家"。

所以，把孩子不太愿意做的但有价值做的事，转成"禁果"让孩子主动去做，是一个考验我们智慧的方法。举一个班级管理的案例：某老师为了管好班级纪律，宣布为了照顾自制力不足、喜欢讲小话的同学，自习时专门拿出十分钟，可以自由言论，不高声喧哗即可。结果，班级讲小话的同学反而少了，因为学生都要面子，自尊心强，不承认自己是自制力差、喜欢讲小话的学生。面对叛逆的孩子，适时反其道而行之，适时把有价值的事情设置成"禁果"，可以让"禁果"发挥正面效应。

我所教的上一届学生在毕业时，有一位家长告诉我他写了6000多字的"教育反思"，除了总结、督促自己如何做出改变外，还筹划如何和孩子一起去做有意义的事。下面我和大家分享其中的一段：

> 每个孩子的心中都拥有自己的梦想，父母要做的就是点亮他梦想中的一盏灯，照亮他向前的道路。一个人梦想的灯被点亮的时候，困扰他的黑暗会被一点点驱散，直到理想的光芒指引他前行。……孩子心中的黑暗来源于他不愿意或不善于跟别人交往，由此导致的交际失败或误解会引发内心的沮丧与不甘，进而导致暴躁和逆反。他就像处于泥潭中等待被救赎的人，越挣扎便陷得越深。孩子的成长来源于耐心的陪伴，父母是孩子最好的老师和榜样。我们要时刻关注孩子的动态，及时做出相应的反馈，引导孩子改善行为习惯。当然，这说起来容易，坚持下来要付出心血。

> 为了给孩子的学习营造一个良好的学习环境，我们家里的电视机这几年已经基本"下岗"；为锻炼孩子的学习专注度，在他写作业的时候我们会捧着书坐在对面看，讨论问题也轻声细语。耐心的陪伴、长久的坚持带给我们丰厚的回报，孩子的学习习惯改善了，我也得以完成了工程硕士的研读。如今，我与孩子一起收获毕业的果实，而和

他一起学习的日子也成为记忆中最温馨、最值得珍藏的片段。

我们从片段中读到了一位智慧的父亲用耐心和行动陪伴孩子成长的故事，满满的正能量让我们赞叹，也带给我们感动。他告诉我，是儿子的叛逆"成就"了他，现在不仅儿子进步了，家长也受益于共同的改变，获得自我成长。

我们再来看一个案例：

> 当代著名小说家、编剧麦家曾在《朗读者》节目中讲述自己和青春期儿子的种种矛盾。进入初中后，儿子开始叛逆起来。在他看来，父亲的教导就是唠叨。有三年的时间，儿子关上了自己的房间门，不愿意与父母沟通。如果有语言上的交流，一定会发生冲突。儿子的叛逆让麦家很痛苦，在几乎濒临绝望的时候，他和妻子没有放弃，而是选择了忍耐和坚持。吃饭时，他会主动给儿子夹菜；散步时，他会轻轻敲儿子的房门，希望他一起去；爬山时，他会帮儿子准备登山鞋，半山腰他会伸出手拉儿子一把；下厨房时，他会邀上儿子一起分工合作，切菜、炒菜。虽然没有过多的言语交流，但父子的关系逐渐缓解，儿子的叛逆情绪慢慢地降温，开始主动和父亲沟通。读高三的时候，儿子开始努力学习英语，学习画画，学习设计，最终考取了美国的一所大学。麦家在儿子出国的行李里放了一本笔记本，夹着信和2000 美金。

大家可以在屏幕上看到这封信的手稿，这封感动无数观众与网友的信被称为 2017 最美家书。具体内容大家在网上可以找到，因为时间的关系我就不为大家朗读了。麦家说，这是一个叛逆孩子的父亲写给一个叛逆孩子的信。儿子像他年少时那样叛逆，而麦家却不想与自己的父亲相似，有一个十几年不愿与自己交流的儿子。

（麦家给儿子的书信手稿，转自搜狐网）

　　麦家的父亲是个农民，家里戴着"牛鬼蛇神"的黑帽子，靠父亲在土地上艰难劳作来养家。父亲对他的教育方式主要是动手打，在十五岁那年父亲对他的一次看似不公正的暴打让他深怀怨恨，此后的十七年他再没开口叫过一声爸。就连当兵时的家书，也只写"母亲，你好"，只字不提父亲。麦家直到自己当了父亲，才慢慢体会到父爱的深沉。可是当他最终选择与父亲和解时，父亲却患上了老年痴呆。在浙江的老屋里，父亲拉着他的手说："你能让我家老二回来看看我吗？"他蹲跪在地，对父亲大声重复："爸，我就是老二啊！"而不管他如何耐心解释，父亲都是一脸漠然，再也认不出他。

　　在父亲去世周年时，麦家写了一封致父信，信中说："父亲，你一辈子给了我很多，我想最后再要一点，要你一个清醒的笑容，一个确凿的认可，一声安慰，一声原谅，一个父子情深的拥抱。可你没有给我，父亲，你就那么走了，没有给我一点点，连一个轻浅的笑容和抚摸都没有……我将永远对你有一种负罪感，一种羞愧……"

　　主持人董卿在读完麦家的致父信后感叹说"天下没有完美的父母"，而面对在座的各位家长，我更想说，天下没有完美的孩子！你们对孩子的爱，却常常让他们受到了伤害。正如我在前面所言，成人期待孩子能像成人一样思考，而孩子只能像孩子一样思考！孩子对父母的理解是随着时光的流逝慢慢变得理性的。如果父母平时的要求太高，终将"欲速则不达"。

家长12：这两个案例特别感人！我在第一个6000多字"教育反思"的案例中，感受到那位父亲对孩子的爱，细腻而深沉。他能站在孩子的角度去体会其所思、所需，做出必要的改变，而且他自己的好学上进给儿子树立了一个榜样。与孩子共同经历"叛逆"中的成长，对父子都是美好的财富！

家长13：麦家的故事其实在许多生长在农村、在那个年代的孩子身上都发生过，但他比普通人更优秀的是懂得忏悔，懂得与父亲和解，而且警醒自己不能让那样父子的悲剧重复上演。他经历了儿子青春期的暴风雨般的痛苦，但仍给予无怨无悔的陪伴，始终让孩子的心灵有安宁的港湾。父母用耐心、冷静与理性处理亲子冲突，让孩子的成长最终走上正轨，真是大爱在心的好父亲的榜样！

师：的确，帮助孩子走过青春期、在"叛逆"中共同成长，是父母的一场修行。心理学之父阿德勒认为，帮助孩子在"叛逆"中成长，最好的方法之一就是培养友谊，孩子们之间应该成为好朋友或好伙伴，孩子应该和家庭成员和家庭之外的人成为朋友。家庭成员之间应该相互信任，孩子也应该信任父母和教师，他们之间存在一种无形的默契。

下面我们来做个自测问卷，了解亲子间的"默契度"。请大家在符合您实际的描述项后的方框内打勾。

亲子关系中的孩子			
孩子有委屈困惑时，愿意在我面前诉说□	孩子愿意和我分享对某事的看法和感受□	不论考试成绩如何，孩子都会主动告诉我□	孩子能在我面前自然流畅地讲述某件事情或一个故事□
亲子关系中的父母			
无论工作、生活多么忙碌，我每天总会留出时间给孩子□	我常对孩子的行为发表意见，如"这可以""那不行"□	我非常重视孩子好习惯的培养以及坏习惯的制止与纠正□	对于孩子的话，我能耐心、专心地听完□

我认为孩子做错事是成长的必经过程□	家庭成员间有冲突时，我不认为一定是孩子的错误□	我坚持认为孩子的发展比家长的事情更重要□	对孩子在某事的尝试中所经历的失败持宽容理解态度□
知道孩子的学习成绩后，我经常给予批评□	对于孩子的辩解或不同意见，我一般会忽略□	我会要求孩子按照我的标准交友□	我认为孩子提出不同意见，就是不服管教，会压制□
亲子关系的默契度			
通常我知道孩子因为什么事而烦恼或兴奋□	我和孩子在一起常有说不完的话□	通常我是孩子的第一倾诉对象□	我在与孩子相处的过程中，也学到不少知识□
我喜欢与孩子在一起相处□	我对孩子有明显的情感表达，例如"我非常爱你"□	孩子违抗我的命令，会遭到严厉的责骂□	我与孩子谈话经常是严肃的、命令式的□

　　下面我来公布答案，帮您做好"默契度"的定位。关于孩子的表现，最好成绩是全部打勾；关于父母的表现，上面8项都打勾，下面的4项都不打勾；最后部分，前6项打勾，后2项不打勾。你的成绩如何？共24项，每项5分。祝贺高于110分的朋友，但如果低于90分一定要认真反思哦！

　　时代在变化，孩子在成长，他们的叛逆总是有根源的，而"关心、理解"则是找到问题根源、回答"怎么办"的开始。总结一下，我们要先放下身段，平等沟通，注意教育方法；其次要正向对话，正向引导，少一点责难，多一点真诚的帮助；再次要提升自我，榜样示范。人民日报曾刊登过文章《教育改革要从家庭教育开始》，提出了家长五层次论。最高层次的家长是尽己所能支持孩子成为最好的自己，也以身作则鼓励孩子成为真正的自己。孩子学会爱、尊重并养成良好的品格，是因为有人成为他的榜样和示范。

家庭是为了每个成员而存在，是为了支撑和帮助每个家庭成员的自我成长、自我实现。好的家庭，彼此关爱，共同成长。在孩子成长的过程中，家长也需要相应成长。家长要及时地、适当地调整自己的教育观念和方法，不断提升自己做父母的本领，同时以身作则，努力工作，善待他人，时时处处做孩子的榜样。作为父母，要舍得暂时脱开权威角色，才能以"人"的态度去面对另一个"人"。这不是放纵，因为关心与温暖只会增强孩子的责任意识。

英国心理学家西尔维娅·克莱尔曾说："这个世界上所有的爱都以聚合为最终目的，只有一种爱以分离为目的，那就是父母对孩子的爱。父母真正成功的爱，就是让孩子尽早作为一个独立的个体从你的生命中分离出去，这种分离越早，你就越成功。"

今天的课就到这里，感谢大家的积极参与，期待我们一起行动！

第⑩课　让我们一起聊"爱情"

受课人：吴菁

对象：初二年级家长

背景分析

　　由于传统观念的影响，中国人感情相对比较内敛，父母亲一般都羞于与孩子讨论"爱情"这个话题。然而，对青春期的中学生而言，这个神秘而浪漫的话题，正是他们特别渴望了解的。伴随着孩子生理与心理的发展，性意识的萌芽逐渐让他们对异性产生好奇、爱慕，开始萌发一些朦胧情感。如今，网络媒体资源泛滥，心智尚未成熟的青少年极易受到影响。坊间流传的"五年级情书满天飞，六年级鸳鸯一对对"的说法有些夸张，但"早恋"呈低龄化的问题可见一斑。"爱情"成为家长和孩子之间不可回避并且非常重要的话题。

　　"早恋"一词往往带有贬义或批评的倾向，有些学者认为，中学生的"爱情"就是过早的"恋爱"，对学生的成长危害非常大，家长也不可能接受异性孩子之间的亲密行为。不过，越来越多的学者从全新的角度去定义青少年的"爱情"。他们认为，青少年能主动去关心、爱护、照顾另一个没有血缘关系的异性，是情感走向成熟的标志，是心理和认知上的成长和进步。这个过程还能增强个体对生命、责任、幸福人生的理解。这给青少年的"爱情"赋予了积极的意义。

　　苏联教育家苏霍姆林斯基把爱情教育视作非常重要的教育任务。他认为，纯洁的爱情是高尚的道德表现，可以化作个人的精神力量甚至是一种信仰。他指出，爱情教育的主要目标是培养真正的人和培养未来合格的父母。他曾说过，"所谓全面发展的人……是忠诚的父亲和丈夫，是有爱心的母亲和妻子。爱情是人类美好的感情；是一个人全面发展必不可少的情感；也是真正的人必不可少的一种高尚的道德精神"。

爱情教育的内涵非常丰富，包含爱情的道德教育、爱情的情感教育、爱情与事业、家庭关系教育、失恋教育、性教育、性别观教育、青春期生理教育、恋爱心理教育等等。本课主要是帮助家长去了解青春期孩子异性交往的心理特点，指导家长如何和孩子去谈谈关于"爱情"这个话题，引导孩子建立正确的爱情观、恋爱观，并且帮助孩子在异性交往中掌握合理的尺度。

授课目标

（1）帮助家长认识青春期孩子的生理、心理特点。
（2）帮助家长客观评价青春期孩子的异性交往，尊重孩子的内在需求。
（3）帮助家长培养孩子正确的爱情观，共同建立适度的异性交往规则。

课例实录

1. 有言在先

师： 各位家长好，非常高兴大家来参加今天的家长课。在正式开始之前，我们先做几个小小的约定。首先，我们将手机调成静音，课上不随意走动、不接听电话，大家积极倾听，并参与讨论、主动分享；其次，这节课的主题是聊爱情、谈早恋，话题比较敏感，可能在分享时涉及个人隐私，希望大家都能遵守保密原则，不在其他场合传播；最后要说明的是，我事先准备的一些案例是基于多个学生情况的综合，大家千万不要对号入座，妄加猜测。

下面请家有女生的家长坐右手边，男生的家长坐左手边。如果你儿

女双全，可以随便挑选座位，这是别人羡慕不来的权利。（众人笑）

2. 矛盾多多的青春期

师：都是家有青春期孩子的父母，今天聚在一起，我们先来"吐吐槽"，说说自家娃的青春期特点。

家长1：特别逆反，你说什么他偏不。简直就是文学作品《没头脑和不高兴》中的"不高兴"。早上起床就来气，多说几句就嫌我们烦，情绪不稳定，动不动就要"炸毛"。

家长2：我儿子这一年个头长了不少，现在看他都要仰视。他和我说话的口气也是居高临下的："你们不要随便动我房间的东西。""你们别管了。"

家长3：我女儿也是，抽屉什么的都上锁的，回家进房间关门，还交代我们要敲门，要懂得尊重。

家长4：什么都要趁着他的心，一言不合就发火，有时像吃了炸药。这年龄段，真是阿狗阿猫都嫌弃的。不知道还要忍他多久。

师：是啊，大家说了一些很直观的感受，特别有画面感。随着孩子们的身体变化，心理也在悄无声息地变化着。他们认为自己在长大，他们会变得越来越有独立的思想和意识。"成人感"是最初印象，但"幼稚感"依然存在。因为涉世未深，他们还是非常单纯的，还是会做一些啼笑皆非的傻事。"成人感"和"幼稚感"是他们内心的一对矛盾冲突。刚才还有家长提到孩子关门和上锁，看似他们有了不愿意与父母分享的秘密。这是青春期"闭锁性"的一种表现。但是，有秘密压抑着不是会很痛苦很难受吗？所以我们的孩子也不傻，他们会向他们的好朋友、同伴等倾诉。我有个学生发朋友圈的时候有时会备注：此条屏蔽母上大人。（众人笑）这就是青春期的另一对矛盾——"开放性"和"闭锁性"。

青春期还有一对矛盾——"渴求感"和"压抑感"。渴求什么？因为他们身体发育了，必然会带来性意识的萌芽，所以他们会对这方面特别地好奇。虽然他们的生物课、心理课也会介绍这方面的内容，但是孩子们知道这事不能说，必须压抑着。比如说一个男生喜欢某个女生，他知道如果有一天他跟家长和老师说，是绝对不可能得到支持的。如果这个阶段成绩下降了，大家就会说这是分心的后果。我也接到过一个班主任的求助，他的一个学生因为健康原因没去上体育课，在教室里做完作业后就在班级电脑上玩，然后看到那些特别暴露的、色情的小框弹出时，他竟然点进去浏览色情网站。面对性的话题我们应当怎么办？"堵"肯定不是办法，我们必须用正确的方式帮助孩子满足渴求感，释放压抑感。

青春期孩子身心的第四对矛盾是"自制性"和"冲动性"。所谓"自制性"，就是你会发现孩子到了这个年龄段会比以前表现得更懂事、更有自控力，比如说他知道放学回家要先做作业，知道关心自己的学习成绩，但他们的冲动性似乎有增无减，喜欢哥们儿一起、姐妹们一堆。在这个年龄段的男孩会有打群架事情，甚至女生也会有。

大家可以看出，青春期就是矛盾突出的时期，也是心理断乳期。在这个从孩子走向成人的过渡期，如果没有得到认真的对待，也许就会对孩子的未来生活造成不良影响。中国人民公安大学李玫瑾教授说，青春期也是个非常好的时期，因为这个阶段可以修复之前不合理的教养模式。如果你在0～3岁、3～6岁没管好，那就抓住这个黄金时期进行弥补。

我们来看东西方文化中关于青春期孩子的"爱情"或者说是对异性萌生好感的两则故事。先看清代诗人袁枚的《沙弥思老虎》：

五台山某禅师收一沙弥，年甫三岁。五台山最高，师徒在山顶修行，从不一下山。后十余年，禅师同弟子下山，沙弥见牛马鸡犬，皆不识也，师因指而告之曰："此牛也，可以耕田；此马也，可以骑；此鸡、犬也，可以报晓，可以守门。"沙弥唯唯。

少顷，一少年女子走过，沙弥惊问："此又是何物？"师虑其动心，正色告之曰："此名老虎，人近之者，必遭咬死，尸骨无存。"沙弥唯唯。

晚间上山，师问："汝今日在山下所见之物，可有心上思想他的否？"曰："一切物都不想，只想那吃人的老虎，心上总觉舍他不得。"

家长5（插话）：我以前在卡拉OK唱的歌《女人是老虎》，好像是根据这篇文章改编的啊。（众人笑）

师： 下面再看一篇意大利作家薄伽丘《十日谈》中的短文《绿鹅》：

从前，我们城里有个男子，名叫腓力·巴杜奇，他出身微贱，但是手里着实有钱，也很懂得处世立身之道。他有一个妻子，彼此相亲相爱，互相体贴关怀，从无一言半语的龃龉。

只是人生难免一死，他那位贤德的太太后来不幸去世，只留给他一个将近两岁的亲生儿子。丧偶的不幸使他哀痛欲绝，逾于常情。他觉得从此失了一个良伴，孤零零地活在世上，再没有什么意思了，就发誓抛弃红尘去侍奉天主，并且决定带他的幼儿跟他一起修行。他把全部家产都捐给慈善团体，带着儿子径往阿西那奥山，在山头找到一间小茅屋住了下来，靠着别人的施舍，斋戒祈祷过日子。

他眼看儿子一天天长大，就十分留心，绝不跟他提到那世俗之事，也不让他看到这一类的事，唯恐扰乱了他侍奉天主的心思；要谈也只跟他谈那些永生的荣耀，天主和圣徒的光荣；要教也只限于教他背诵些祈祷文。父子二人就这样在山上住了几年，那孩子从没走出茅屋一步。除了他的父亲外，也从没见过别人。

这位好心的人儿偶尔也要下山到佛罗伦萨去，向一班善男信女讨些施舍，然后再回到自己的茅屋来。光阴如箭，腓力已是个老头儿，那孩子也有十八岁了。有一天，腓力正要下山，那孩子问他到哪儿去。腓力告诉了他，那孩子就说："爸爸，你现在年事已高，耐不得劳、吃不得苦了。何不把我带到佛罗伦萨去、领着我去见见你那班朋友和天主的信徒呢？想我正年青力壮，以后你有什么需要，就可以派我下山去，你自己就可以在这里休养休养，不用再奔波了。"

这位老人家觉得如今儿子已长大成人，又看他平时侍奉天主十分勤谨，认为即使让他到那浮华世界里去走一遭，谅必也不致迷失本性

了，所以私下想道："这孩子也说得有道理。"于是第二次下山的时候，果真把他带了去

那小伙子看见佛罗伦萨城里全是什么皇宫啊，邸宅啊，教堂啊，而这些都是他生平从未见识过的，所以惊奇得了不得，一路上禁不住向父亲问长问短，腓力一一告诉他——可是这个问题才回答好，那个问题又跟着来了。父子俩就这样一个尽问、一个尽答，一路行来，可巧遇见一队衣服华丽、年青漂亮的姑娘迎面走来——原来是刚刚参加婚礼回来的女宾。那小伙子一看见她们，立即就问父亲这些是什么东西。

"我的孩子，"腓力回答，"快低下头，眼睛盯着地面，别看它们，它们全都是祸水！""可是它们叫什么名堂呢？"那儿子追问道。那老子不愿意让他的儿子知道她们是女人，生怕会唤起他的邪恶的肉欲，所以只说："它们叫做'绿鹅'。"

说也奇怪，小伙子生平还没看见过女人，眼前许许多多新鲜事物，像皇宫啊，公牛啊，马儿啊，驴子啊，金钱啊，他全都不曾留意，这会儿却冷不防对他的老子这么说："啊，爸爸，让我带一只绿鹅回去吧。"

"唉，我的孩子，"父亲回答说，"别闹啦，我对你说过，它们全都是祸水。"

"怎么！"那小伙子嚷道，"祸水就是这个样儿的吗？"

"是啊！"那老子回答。

"祸水就是这个样儿的吗？"儿子却说："我不懂你的话，也不知道为什么它们是祸水；我只觉得，我还没看见过这么美丽、这么逗人爱的东西呢。它们比你时常给我看的天使的画像还要好看呢。看在老天的面上，要是你疼我的话，让我们想个法儿，把那边的绿鹅带一头回去吧，我要喂它。"

"不行，"他父亲说，"我可不答应，你不知道怎样喂它们。"

那老头儿这时候才明白，原来自然的力量比他的教诫要强得多

了，他深悔自己不该把儿子带到佛罗伦萨来……

中西方文化差异较大，但这两篇文章中的观点却很相似，父母、长辈对青春期孩子的异性交往问题都选择了回避的方法。作为 21 世纪的父母，假如你们的孩子也有了这样的"苗头"，你们会怎么做呢？

家长 6： 我觉得需要客观理性面对吧，毕竟有这个想法是正常的，这是人的天性。

家长 7： 这个肯定要制止的，"早恋"肯定会影响学习的，我肯定要扼杀的。

师： 刚才这位家长说到了"早恋"，其实这个概念有点模糊，因为我们比较难界定何时为"早"，何种程度算"恋"。也有人把"早恋"说成"早练"，就是说练习如何和异性交往。现在孩子们的营养较好，身体发育提前了不少，而且在信息时代，孩子们接触世界的途径也多，有些东西亲娘不说，"度娘（指网络搜索）"会说。异性交往问题的低龄化趋势其实是可以理解的，大家也要有心理准备。

再给大家看一段电视剧《小欢喜》的片段，看看黄磊饰演的爸爸怎么说，挺好的一部剧，可以追。（众人笑）

黄磊： 早恋，我跟你说，几岁算早恋？人到了青春期，开始有了恋爱的冲动，有了对异性的想想，有一种美好的愿望，这不也正常吗？对吧！十六算早？十七算早？谁规定几岁算早，几岁算晚啊？我不是支持早恋，但早恋也不一定都是坏的，有的最后终成善果的呢。

3. 了解孩子"早恋"的成因

师： 上海社科院社会学研究所课题组在全国范围内开展了针对 15 至 24 岁青少年的大规模调查，结果显示，北上广三城中学生中有约四分之一（26.3%）的人已经历了人生的初恋。其中，初中生中有过恋爱经历的比例为 10.6%，高中生中有过恋爱经历的比例为 42.3%。

看数据，大家肯定会觉得比例不低了。对于初中生触碰"情网"的原因，心理学家分析有多种可能。首先是孩子的身心发育，因为生理上的成熟必然带来性意识的萌芽和发展，自然而然就会对异性有更多关注。

家长8（插话）：可能也会有好奇、炫耀的心理。好奇就是觉得这个事情很好玩，想要去尝试一下。炫耀呢，就是想告诉别人：你看我有好多女朋友，我有好多男朋友。可能这些孩子也渴望在同伴中得到认可。我读书那会儿就有过这样的心理。（众人笑）

师：谢谢这位父亲的坦诚，也许有这想法的青少年并不少！心理学家认为还有同伴影响的因素。到了青春期，向师性（即对教师的依恋与模仿心理）在减弱，父母的权威也在减弱，身边的朋友与同学逐渐成为对孩子影响最大的人。大家回忆一下，是不是初中孩子的嘴上常常挂着"我同学也这么认为"的句式。同学群体性选择的影响不仅表现在吃穿用度方面，还影响着小到玩什么游戏、看什么小说、选择怎样的偶像，大到学业目标、生活价值观等各方面。所以，如果孩子的朋友圈子中有几个早恋的，那影响自然就来了。

家长9（举手发言）：我曾读过一本书，书上说如果我们的孩子缺乏爱，他自然就会从外部去找。比如爸妈感情不和，不太管孩子，或者爸妈太强势、高压教育等等。孩子感受不到父母的爱，那么就会对给他温暖的人产生好感。

师：是的，您所说的也是一个很重要的因素，就是与孩子的心理孤独有关。我来给大家讲个真实的故事吧。有一次我给同学们讲心理课，主题是《梦想拍卖》。在待拍的梦想中，有个比较特别的项目叫"和心爱的人浪迹天涯"。一般说来，当班主任在本班级聊这个话题时，肯定不会有人勇敢到会拍下这个敏感项目。但当时真的有一名女同学主动参拍，而且直接出了封顶价。这是什么情况？课后我赶紧打听了一下，她既没有谈恋爱，也没有单相思。后来经过单独交流，我才知道女生的真实心理状态。她爸爸妈妈都非常忙，父亲经常出差，母亲天天加班。她每天的晚饭都是送到家的外卖。她放学回家后，就一个人吃完外卖，然后自己做作业。父母经常是很晚了才回家。我意识到，这个孩子在家中缺关爱、缺陪伴，这有可能造成比较严重的后果。我给她妈妈打电话说明了我的担心，记得我有一句话说得很直率——如果此时有一个男孩子出现在你女儿身边，并表现出比较温暖关爱的样子，她可能分分钟就会跟他出走。孩子感觉孤独、渴望陪伴，做父母的还有什么事比陪伴孩子更重要？我提出，父母双亲中至少要有一个人能正常陪孩子晚餐。可能是被我的话打动了，女生的母亲最终选择在工作和家庭中保持好平衡。在向公司领导说明情况后，她每天准时下班为女儿做饭。这是一个与早恋话题既无关又有关的故事，值得深思。

家长 10（举手发言）：我觉得还有一种原因，那就是现在的影视作品，包括网络视频，里面男女主人公亲热的画面太多了。还有一些日本漫画，也有好多暴露的画面，有的时候我们大人都不忍直视，小孩子看了就可能去模仿，他们似懂非懂的。这类视频、动漫等，有关部门应当好好管控。

师： 是的，这个算是社会因素，确实需要正视。不过，我认为"堵"永远不是最好的办法。即使在没有网络的时代，这类可能导致"早恋"的诱惑也存在。记得我们上初中的时候，爱情小说也是一种可怕的诱惑，老师们甚至断言琼瑶阿姨简直就是恋爱引路人……（众人笑）

下面我总结一下。心理学家的分析告诉我们，造成孩子们"早恋"的，有身心发展因素、同伴因素、家庭因素与社会因素等，原因有时是复杂的。不过结论是显而易见的：这是一个父母、孩子、老师都无法回避也不需要回避的话题。孩子有所谓"早恋"的经历未必是一件令人担心害怕的坏事，没有这样的经历也未必是值得庆幸的好事。大家可能听说这个段子：中国家长最担心孩子在中学时谈恋爱，甚至也反对读大学时谈恋爱。不过，等孩子大学一毕业，却又希望他（她）马上找到一个合适的人结婚。父母的梦想真的太美啦！（众人笑）

大家的笑声表明，做父母的总体上对恋爱话题的反应有点跑偏！对爱的认识、幻想或感受是孩子们从这个年纪开始必然要面对的重要内容。下面，我们将结合具体的案例来聊聊：如果上初中的孩子真的谈恋爱了，父母该怎么办?

4. 聊聊爱，很美好

师：今天给大家带来两个根据真实故事改编的案例。主人公小美是女生，小强是男生。女生家长组和男生家长组分别针对一个案例进行交流。大家先读一下案例，在讨论后把小组的想法共同演绎出来，可以来个情景再现。

案例一：小美是个乖巧的女孩，她悄悄喜欢上了隔壁班的一个男孩。这个男孩成绩一般，但体育方面特别好，长得也帅气。男孩生日那一天，她准备了一件礼物，并在午休时间送到他班上，不巧被值班的老师看到，"恋情"由此暴露。经班主任了解，那个男孩并不是特别喜欢小美，而且同年级里喜欢他的女孩还有好几个。在了解到这些信息后，小美的父母该怎么做呢？

案例二：小强喜欢上了自己班上的一个女孩，而且那个女孩也很喜欢他。慢慢地他们开始找机会在一起亲近，在校园里没人的地方或是周末补课的空教室里拉拉手、亲亲嘴。本来大家并不知道这事，但有一次女孩在 QQ 空间里发了一段文字吐露心声，被同学们转发后"东窗事发"。小强的爸妈该怎么做呢？

师：下面请大家讨论，确定交流发言人，做好角色分配。

（家长们分两组讨论，老师巡视并给予必要的说明）

师：大家的讨论很积极，现在我们请女生组家长先做分享，其他家长可以作为观察者并准备反馈，大家可以为好的思路点赞，也可以提出不同想法。每个孩子都是不一样的，家长的应对也会不同，所以没有对错，只有是否更合适。

女生组代表：我们做了交流，可能表达起来不够清楚，现在给大家表演展示一下。我们这组只有一位男士，就请他演爸爸，请这位女士配合，

演小美。今天是周末，我们选择午餐后跟孩子聊聊天。现在开始，action！（众人笑）

> **爸爸**：小美，爸爸带你出去走走吧。
>
> **小美**：我作业还没写完呢。
>
> **爸爸**：没有关系，爸爸可以等你。做完作业之后，我们再一起出去。
>
> **小美**：好的……（半小时后）爸爸，现在已经做完了。
>
> **爸爸**：那我们出去散散步吧。今天天气不错，也让眼睛放松一下。
>
> **小美**：爸，你是不是有什么话要跟我说？你直接说好了。
>
> **爸爸**（有点措手不及）：你让爸爸有话直说，其实我也就是想与你坦诚地聊聊，希望你可以跟爸爸说说心里话。
>
> **小美**：爸爸到底要说什么呀？
>
> **爸爸**：爸爸知道一件事，此前也不想多说，也没有告诉你妈妈。这几天还是放不下，甚至影响睡眠，所以今天想和你好好聊聊。听说你们隔壁班有个男同学，人长得帅，篮球也打得好。他过生日的时候，你还送了礼物，对吗？你是不是心里挺喜欢人家？我是开门见山啊，你说说自己是怎么想的。
>
> **小美**：礼物？哦，是送了件小礼物，不过我跟他没有什么亲密的交往啊。我就是觉得这个男孩子挺好的。
>
> **爸爸**：爸爸听说这事后，也向老师了解了一下。听说那个男同学是不错的，有好几个女同学喜欢他。我虽然不认识他，但可以想象这孩子一定有不少优点。喜欢优秀的人，说明小美有眼光。爸爸只是担心你，毕竟学习是最重要的，千万不要因为这事分了心。而且在爸爸心目中，我们小美很优秀的，怎么去倒追别人呢？
>
> **小美**：哪有什么倒追不倒追啊，我也知道我们班还有其他人也喜欢他，我还知道他喜欢他们班的班长。
>
> **爸爸**：哦！爸爸挺希望哪天你能带一个优秀的男孩回来，并且更希望这个男孩子喜欢你多过你喜欢他。

小美： 爸爸，其实我也不知道自己是一种什么感觉。有时脑子里禁不住地会去想这个人，想他打球时帅帅的样子。应该是对他有点好感吧，送他礼物可能就是希望他能关注我吧。

爸爸： 喜欢上一个人，都会有这样的感觉，这很正常。当年爸爸追妈妈的时候，也有这样的感受。只是，我们那时都已经大学毕业，参加工作了才有心思谈恋爱的。因为长大成人后，一个人的性情、特长、爱好趋向稳定，那个时候才知道自己真正喜欢什么样的人。另外，感情是互动产生的，单方面放电是不会有感应的。你主动示好，这是勇敢的。但这个男孩没有回应，应当是他对你没有太多感觉，说得感性一点就是没有缘分吧。每个人注定有自己的那个对的人。相信有缘，一定会在将来遇见。到时候你想起现在的故事，肯定会说"我当时好傻哟！"这个男孩喜欢班长，那个女孩是什么样子啊？

小美： 她是我们学校学生会的，成绩也很棒，小提琴10级了。跟她比我就差很多了。唉！

爸爸： 不对，我们不应当用自己的短处去比较人家的长处。小美很优秀，有礼貌，又开朗，美术、书法都很棒。当然学习成绩还可以突破一下，特别是理科。爸爸希望你能把自己变得更优秀。除了学习，你可以在学校的活动中多展示自己，越自信的女孩越能得到更多欣赏的目光，吸引和你一样优秀的男孩的目光，这是爸爸希望看到的。

小美： 好的，爸爸，我记下了。

师： 首先我们用掌声感谢二位家长！辛苦了，先请入座。我刚才在看两位家长的情景展示时，也动笔做了一些记录，其他家长作为观察者肯定也有想法，现在来给他们一些反馈，提出自己的建议。

家长11： 这位爸爸表演得非常精彩啊，分寸把握得特别好。一方面真心关心自己的女儿，另一方面也表达了自己的担心。态度平和，却很有效果。如果是我，可能还会跟小美聊聊喜欢这个男生哪些方面，让女儿多说说，然后顺着她的想法做工作。

家长 12： 其实这个男生就是帅气，可能这个年龄段的女孩子都会喜欢帅小伙。等长大后就会觉得外貌没那么重要了。我可能会跟孩子说，帅只是一时的，看多了就会审美疲劳。我们一起挖掘一下他的其他优点吧。然后，女儿可能想一想好像也没其他突出的优点，心里可能就放下了。另外，我可能会跟小美探讨优秀的标准。优秀当然没有统一的标准，但是引导孩子去思考、分析还是有必要的。

师： 好的，谢谢二位的精彩点评。可怜天下父母心！我们都希望自己的孩子不至于太辛苦，包括谈恋爱的时候。最好是人家主动追自己的孩子！做爸爸的更希望自己女儿是被呵护、被爱得更多的一方。我要点赞这位爸爸在聊天时淡定的表现。接到老师的电话，得知这个情况，他并没有怒发冲冠去棒打"鸳鸯"。依照青春期孩子叛逆、冲动的特性，越是棒打，越是拆不散。这位爸爸创造一个合适的机会，边散步边和孩子谈心。环境宽松、心情放松，才能聊心里话。他也比较尊重孩子，让孩子决定谈话时间，对孩子的行为，如送礼物，基本给予理解与肯定。父母的宽容态度可以让孩子放下戒心，敞开心扉。爸爸还说"喜欢优秀的人，说明小美有眼光"，以及"挺希望哪天你能带一个优秀的男孩回来，并且更希望这个男孩子喜欢你多过你喜欢他"。这样的言谈很真实、自然，女儿可以感受到浓浓的父爱，这也能给孩子一份力量，即便示好得不到回应而有短暂的沮丧，但父亲的爱可以使孩子变得坚强。

这位爸爸还通过谈论那位班长的优点让小美更好地提升与展现自己，这个做法既肯定了孩子的优点，让孩子更自信，也明确了进步的方向，这就像给了孩子一盏明灯。他有一句话说得很棒——"每个人注定有自己的那个对的人。相信有缘，一定会在将来遇见。到时候你想起现在的故事，肯定会说'我当时好傻哟！'"这样的语言很容易抚慰一个受伤的心灵。我真诚地为这位智慧的爸爸点赞。（掌声）

接下来我们来看小强的案例，请问男生组的家长以怎样的方式来展示？

男生组家长代表： 刚才那组表演得太好了。我们这组就把讨论的内容直接分享给大家吧。大家认为男孩子在初中阶段自尊心特别强，如果直接说我们通过老师、通过网络知道你和这个女孩有这样那样的亲密行为，这就没办法聊了。孩子无论是害羞还是害怕，都会表现得很抗拒的样子。他可能会不开口，或者会强装不屑："那又怎么样？我们觉得没什么啊！"所以，我们准备采取迂回战术。在这个案例中，还是让爸爸出面跟儿子谈。这是一次男人和男人的对话，是希望儿子明白一个男人应有的样子。他的言行举止，比如在公众场合亲嘴，既不符合中国的传统规范，也不符合一个初中学生的身份。爱应当是一件相对私密的事。此外，我们设想通过一部电影或者故事作为一个大家讨论的话题，让孩子明白喜欢一个人没问题，但做事要守住底线。与异性单独相处、亲密接触，不是中学生身上应当发生的事。最后，我们还想说的是，既然儿子荷尔蒙这么旺盛，是不是可以给他多安排集体活动或运动之类的事来消耗多余的精力？

师：谢谢分享！这个案例让我想起了有位爸爸对女儿说的话："所有的水果，在青涩的时候可能好看，但肯定不好吃。只有在成熟的时候，才会绽放最美的瞬间。过早被采摘的果实，其归宿只能是垃圾箱。中学时我们都是处于含苞待放的状态，未来我们自然会遇到最欣赏的人，那时才会拥有一生最好的遇见。"

今天还有不少父母没有机会发言，请哪位来帮我们总结一下好吗？

家长代表 13：面对"中学生爱情"这个话题，我想可以达成共识。首先是理性对待，不要"谈爱色变"，劈头盖脸臭骂一顿无济于事。青春期有爱的萌芽是正常的事。其次，要学会晓之以理，动之以情。我们要对孩子的想法、做法多一些理解和尊重。如果担心孩子和异性交往过密，可以有意避免他们有过多的接触时间。再次，要旁敲侧击，积极引导。我们可以利用自己的经历、他人的故事，或者电影、电视剧来引导。记得之前和孩子一起看过电视节目《中国式相亲》，一个女嘉宾主动爆灯，得知男孩特别喜欢西藏，就主动说愿意陪他去西藏旅游，还说如果男孩喜欢打游戏，她也愿意去学。我要说，爱应当是平等的。爱得太卑微，未来的婚姻应该不会幸福。

师：谢谢这位家长！您不仅做了总结，还增加了新的观点，给了我们不少启发。所以我在想，无论孩子有没有早恋现象，我们都可以主动来聊聊一些名人的爱情故事。比如说唐宋八大家之一的苏东坡，在诗、词、文、书、画等方面取得很高成就，可以说是才华横溢，而且对感情很重视。妻子去世，他写下"十年生死两茫茫，不思量，自难忘"这样的千古名句。当然，反面的例子也可以聊。

总之，我们要多关注孩子，以尊重、开放、接纳的态度与孩子保持积极的交流；我们要和老师保持积极的沟通，"没有消息就是好消息"是一个错误的观点；我们要积极了解孩子关注的内容，使用什么 APP、喜欢与谁在一起、喜欢什么书籍等等。不仅如此，在这个阶段更要安排丰富的亲子活动，用有趣的、有挑战性的事填满孩子的时间。孩子在某一个活动上有所成就时，也会变得更自信。我们还可以让孩子去做公益，通过帮助别人、实现自我价值来获得满足感和愉悦感。

最后，建议每位家长要找机会给孩子上一次青春期性教育课。虽然在学校会学习一些生理知识，也会在心理课上讨论异性交往等话题，但是作为父母，一定要给孩子上一点私房课，告诉孩子如何保护自己，如何不伤害他人，如何确定底线和界限。

在一些调查数据报告中，我们可以发现，文化素养越高的家长越重视孩子的青春期性教育，会主动去探寻一些方法，并且在孩子很小的时候就开始进行性教育的渗透。当然也有不少家长觉得这个话题难以启齿，不知如何说就干脆不说了，认为孩子长大了自然就懂了；还有一部分家长觉得，家长给孩子上性教育课，孩子会难为情的。其实那是我们自己一厢情愿的想法，孩子们在这个年龄段也是希望有人可以好好与他们聊聊这方面的话题。

一般孩子在 3 岁之后，就会开始不停地追问："妈妈，我是哪里来的"或者"为什么爸爸是站着尿尿"等。在孩子充满天真和好奇的眼睛里，他们觉得生殖器和眼睛、鼻子、耳朵是一样的。我们越讳莫如深，他们越发好奇。而在这种好奇心的驱使下，孩子可能通过家长和老师都不知道的途径去获取性知识，潜在的危害反而更大。

此前我给学生做过青春期异性交往的讲座，喜欢选择绘本作为交流媒介。我通过"长颈鹿和鳄鱼"系列绘本告诉他们"喜欢一个人的感觉"，"爱上一个人"后该这么办等。孩子们往往很感兴趣，效果也很好。我曾给同学们读过一篇《一只瓶子的爱情故事》，令我吃惊的是，我读完后全班同学竟然自发地鼓掌。这说明孩子有明辨是非的能力，他们是认同绘本故事中的观点的。今天也把这个绘本分享给大家，可以回家跟孩子聊聊。

瓶子：我是一只瓶子，装满叫感情的液体，我救过一条奄奄一息的金鱼。

金鱼：救救我，我快死了。

瓶子：但是我忘了金鱼的记忆只有 7 秒，直到放走它的那天，它也没有带走关于我的一丝记忆。后来我遇到了小海绵，烈日下的他被烤成皱巴巴的一团。

海绵：水，我需要水！

瓶子：给你！

海绵：谢谢你，以后我们在一起玩好吗？（过了几天）水，快给我水，我又要变成海绵干了！

瓶子：可是我知道，朋友绝对不是一味的索取！在我最困难的时候遇到了仙人掌先生，一直陪着我，我义无反顾地跟着他来到了他的家乡沙漠，可是我渐渐发现，我视若生命的东西是他不需要的。

瓶子：我们离开这里好不好，我的身体像要被抽空了！

仙人掌：抽空就抽空啊，这东西根本就用不着啊！

瓶子：不需要就是不重要了吧！

瓶子：后来我遇见了冰糖先生，可是……我发现自己已经干涸。

我一直在想，如果命运早点安排冰糖先生出现该多好，和他在一起的每一天都会是甜甜的吧。

只是此刻的我才明白，最大的遗憾不是错过最好的人，而是当你遇见更好的人时，你已经把最好的自己用完了！

下课后，有个女孩要求跟我探讨这个话题。她说曾经看到过一句话：爱一个人最好的方式，是经营好自己，给对方一个优秀的爱人。并不是你努力对一个人好，那人就会更爱你。对于一个初二女生，能够把这个故事和这句话联系在一起，可见绘本中的恋爱观已经深入她心底。

性教育绘本有很多，其中有两本特别值得推荐给 10 ~ 14 岁的孩子去看看。一本是《女孩，你该知道的事》。这本书像一个"知心姐姐"，女孩在青春期遇到的问题和困惑几乎都能在书中找到答案。家有男孩的爸妈，可以选择《爸爸说给青春期儿子的秘密话》。这本书语言简单明了，既让男孩子了解了想知道的事情，又坦坦荡荡不尴尬，谈性教育的口气，就像谈明天的天气一样自然。父母一定要给青春期孩子上好性教育一课，让孩子们懂得珍重对方和自己的身体，对生命深怀敬畏和尊重。

最后，再次感谢大家的时间，感谢大家非常积极投入地参与今天的活动！

后记　教育应该是一种完美的成全

　　庚子年的寒假对于大部分人来说是刻骨铭心的。一场突如其来的新冠肺炎疫情严重影响了每一个普通人的生活，但我们也看到了全国人民共克时艰的团结，见证了中国速度、中国力量和中国精神。在这个超长的假期，我们这个团队也在最美逆行者精神的激励下，共同完成了编写任务。

　　在我们这个团队中，除了焦晓骏校长从事教育工作 30 多年，其他的都是工作了 10 年左右的中青年优秀班主任。2016 年，我有幸成为苏州工业园区首批班主任名师工作室主持人，得以经常与小伙伴们对班级管理、家校合作的专题进行深入的研讨。2018 年秋，我们参加了一个有关家庭教育的研讨会。活动结束后，大家不约而同地感慨：孩子难教，家长难带。作为班主任，我们对孩子教育的美好期待是 5 加 2 大于 7，但现实是父母们的育儿水平、风格、态度等差异很大，对学校与班级管理的配合也是千差万别。我们也深知唯有家长改变，孩子才能改变。那么，能否策划一个针对家庭教育的通识培训方案呢？

　　基于这次探讨，我们心中的愿景也逐渐明晰起来。初中阶段是成长问题、心理问题、亲子问题的频发期，也是许多家长进行家庭教育的迷茫期。我们可以梳理出大部分家长特别关心、急于探寻答案的话题，集思广益，做一些以示范、研讨为目标的"家长课"，一方面供初中教师同行们参考、使用，另一方面也可以给家长们启发。

应该说"家长课"是个新概念。通常意义上的"家长学校"主要由一些专家学者坐而论道，几百名家长在台下恭听。虽然这些讲座可以针对一些共性问题进行指导，但往往理念偏多、操作性不强。所以家长们常感觉"听听有道理，做起来很困难"，解决不了他们内心的困惑与实际的问题。与家长互动性较好的是"家长会"，但形式单一，内容也主要集中在学业成绩、学生表现或是事务性安排上。而且有相当多的班主任还算不是指导家庭教育的行家。我们所倡导的"家长课"是一种升级版的家校交流形式，以问题为导向、以教师为主导、以家长以主体，通过分享、合作、讨论等形式，让家长们能真正进入课堂，得到实实在在的收获。

很快，这个思路成为整个区域的行动。作为苏州工业园区初中德育工作片的"片长"，焦晓骏校长多次参与我们工作室的研讨会。大家通过调查，确立了10个主题，然后每人承担一个主题，去策划、去备课、去上课。每次上完专题课后，大家再一起看录像、听录音，听取家长、同事们的意见与建议，仔细点评课中的得失，然后再进行磨课。我们还尝试打破班级、年级的界限，按主题"混龄"上课。这样的尝试不仅达成了预期效果，还有不少意外的收获。例如，在家长分享环节，高年段的家长能以"过来人"的身份介绍自己和孩子"斗智斗勇"的经验，让在座的家长朋友感觉满满的干货，连呼听得实惠、学得真经。

整理课堂实录也是一个挑战。作为一线班主任，我们时常在"一地鸡毛"的琐碎中忘记慢下脚步回望过往，时常在"疲于奔命"

中远离了阅读与汲取。出书不同于上课，写作的高要求与我们平时任何一次分享都不一样，需要语言精准、逻辑缜密、思路清晰、结构合理。我们这个编写团队都是第一次参与出版写作工作，对文字缺乏敏感。初稿出来后，"乡土味"、口语化的表达困扰着我们，理论与实践的契合程度考验着我们。这一年多的时间里，每位伙伴都投入了大量精力，有时为了一句话的出处要忙上半天。一次次备课、磨合、思维碰撞，一遍遍琢磨、修改，最后对实录逐字逐句过关。记得寒假前的改稿碰头会，为了更精确的表达，也为了能呈现出一段有生命力的文字，我们的讨论从下午一直进行到深夜。那天，我们曾为了一个措辞争得"面红耳赤"，最后敲定了便哈哈一笑。修改到第五稿时，有老师笑称"已经改出新天际了，却依然不满意，真是书到用时方恨少！"后来我们的群聊名干脆改成"悦读小分队"。正如苏志芳老师所言，"我们都经历了兴奋、期待、茫然、纠结、痛苦，对于长期在一线工作的我们来说，是一次全新的体验。一次次的推翻重做，一次次的头脑风暴，过程本身就是历练和成长！"这次编写过程给了我们去构思、写作、反思的空间，鞭策着我们去学习与成长，让我们经历了一种豁然开朗、柳暗花明的欣喜。

教育应该是一种完美的成全，这句话正可用来形容我此时的感受。曾有人问："班主任工作很辛苦，为什么每次见到你们，都觉得充满活力、有滋有味的样子？"经历了这次编写工作后，我的答案更加清晰："和志同道合的人一起做事，总是能让我们充满激情！"一个人可以走得很快，但一群人才能走得更远。我们正是一群想做点有意思、有意义的事情的教育人！在构思全书的时候，我们理所当然地认为，我们的目标是要成就更多的家长。当本书快要完稿，当着手写后记的时候，突然发现编撰的过程首先成就了我们，大家变得视野更广阔、思路更清晰、文笔更流畅、工作更自信！

在这个万籁俱寂的夜晚，回想起我们曾经为了共同的一件事而全情付出，这是多么让人心潮澎湃。书中展现的一些细节故事、教育案例，都是我们和孩子、我们和家长相互浸润的真实写照，是我们对育人生活的点滴记录，也许波澜不惊，但都与心灵相照，与孩子们的成长相关，也与我们的专业发展相关。我们竭尽自己所能只为呈现我们对家庭教育思考与探索。当然，本书所呈现的方法不可能是完美的，它旨在提供一种思路，给班主任们一个思考的方向，给家长们一点行动的抓手。

回想自己的班主任成长经历，从区级名优班主任工作室的成立到苏州市班主任名师工作主持人，一路走来，有荣誉，有压力，更有机遇。在此我要感谢苏州工业园区教育局林红梅副局长以及曲虹、朱红伟等本团队老师所在学校的校长们，是他们的大力支持与信任让我们倍受鼓舞、全力以赴。感谢多次参与我们磨课、研讨的家长朋友与同行们，他们的倾力相助让本书更有亮点。当然我也借此机会感谢团队的伙伴们，大家的热情、干劲、智慧、情怀让我感动不已！

责任编辑任红瑚老师从本书选题立项起就一直给予我们鼓励与支持。疫情期间，她花费大量的时间审读稿件，提出了许多专业的指导意见，让大家在修改、润色的过程中学到很多。在此专门致以衷心的感谢！

吴菁

2020 年 4 月 8 日

图书在版编目（CIP）数据

初中班主任的 10 堂家长课：帮父母解决关键问题 / 焦晓骏等编著 .
—上海：华东师范大学出版社，2020

ISBN 978 − 7 − 5760 − 0608 − 7

Ⅰ . ①初 ... Ⅱ . ①焦 ... Ⅲ . ①初中生—家庭教育 Ⅳ . ① G782

中国版本图书馆 CIP 数据核字（2020）第 107361 号

大夏书系 · 全国中小学班主任培训用书

初中班主任的 10 堂家长课：帮父母解决关键问题

编　　著　　焦晓骏　吴　菁　等
责任编辑　　任红瑚
责任校对　　杨　坤
封面设计　　百丰艺术

出版发行　　华东师范大学出版社
社　　址　　上海市中山北路 3663 号　邮编　200062
网　　址　　www.ecnupress.com.cn
电　　话　　021 − 60821666　行政传真　021 − 62572105
客服电话　　021 − 62865537
邮购电话　　021 − 62869887　地址　上海市中山北路 3663 号华东师范大学校内先锋路口
网　　店　　http : //hdsdcbs.tmall.com

印 刷 者　　北京季蜂印刷有限公司
开　　本　　700 × 1000　16 开
印　　张　　12
字　　数　　150 千字
版　　次　　2020 年 8 月第一版
印　　次　　2025 年 1 月第三次
印　　数　　9 000—10 000
书　　号　　ISBN 978 − 7 − 5760 − 0608 − 7
定　　价　　42.00 元

出 版 人　　王　焰

（如发现本版图书有印订质量问题，请寄回本社市场部调换或电话 021–62865537 联系）